新时代教师教育系列丛书

丛书主编：李德方　狄阳群

小学数学教师评价能力研究

潘婉茹　著

苏州大学出版社
Soochow University Press

图书在版编目（CIP）数据

小学数学教师评价能力研究 / 潘婉茹著. —苏州：苏州大学出版社，2022.6
（新时代教师教育系列丛书 / 李德方，狄阳群主编）
ISBN 978-7-5672-3970-8

Ⅰ.①小… Ⅱ.①潘… Ⅲ.①小学数学课-小学教师-教师评价 Ⅳ.①G623.502

中国版本图书馆 CIP 数据核字（2022）第 091563 号

Xiaoxue Shuxue Jiaoshi Pingjia Nengli Yanjiu

书　　名：小学数学教师评价能力研究
著　　者：潘婉茹
责任编辑：刘　海
装帧设计：吴　钰

出版发行：苏州大学出版社（Soochow University Press）
社　　址：苏州市十梓街 1 号　**邮编**：215006
网　　址：www. sudapress. com
邮　　箱：sdcbs@ suda. edu. cn
印　　装：苏州工业园区美柯乐制版印务有限责任公司
邮购热线：0512-67480030　**销售热线**：0512-67481020
网店地址：https://szdxcbs. tmall. com/（天猫旗舰店）

开　　本：710 mm×1 000 mm　1/16　**印张**：12.75　**字数**：215 千
版　　次：2022 年 6 月第 1 版
印　　次：2022 年 6 月第 1 次印刷
书　　号：ISBN 978-7-5672-3970-8
定　　价：68.00 元

总序

国之大计，教育为本；教育大计，教师为本。中国素有尊师重教传统，两千多年前创办私学、授徒传道的孔子一直被后人尊崇为“圣人”和“万世师表”就是一个典型。中国的学校教育也有着数千年的漫长历史，早在公元前21世纪的夏朝就有了类似今天学校的教育机构。在中国，现代意义的学校则出现在19世纪60年代，是孱弱的旧中国被迫打开国门学习西方的结果。当时我国开办有外语学校、军事学校和职业技术学校等，试图“师夷长技以制夷”。有了学校当然就需要教师，1896年，来自江苏常州的洋务派代表人物盛宣怀筹办南洋公学，开启了中国师范教育的先河。

随着中华人民共和国的成立，中国师范教育焕发了新生、实现了转型。1957年，毛泽东同志在《关于正确处理人民内部矛盾的问题》一文中明确提出：“我们的教育方针，应该使受教育者在德育、智育、体育几方面都得到发展，成为有社会主义觉悟的有文化的劳动者。”在办学思想上，中国师范教育坚持以马克思主义为指导，提倡教育与劳动相结合，并依此建立起相对独立的师范教育体系，以培养新中国建设和发展所需师资。改革开放后，随着以经济建设为中心国家战略的转移，迫切需要一大批高素质的劳动者和建设者，教育，特别是教师教育的重要性得到凸显，尊师重教的优良传统得以回归。中国特色社会主义进入新时代后，教师队伍建设被党和政府视为做好教育工作的“根本性民生工程”，社会各界对教师培养、教师专业发展和教师素质提升提出了新的期望与要求，新时代呼唤新的教师教育。

2018年，中共中央、国务院颁布《关于全面深化新时代教师队伍建设改革的意见》，这是中华人民共和国成立后第一次以党中央、国务院的名义颁发的关于教师队伍建设的文件。根据这份纲领性文件，教育部等五部门出台了《教师教育振兴行动计划（2018-2022年）》，反映了党和国家对教师教育的高度重视。2019年，《中国教育现代化2035》进一步明确了要“健全以师范院校为主体、高水平非师范院校参与、优质中小学（幼儿园）为实践基地的开放、协同、联动的中国特色教师教育体系”，旨在培养有理想信念、有道德情操、有扎实学识、有仁爱之心的“四有”好教师，奏响了新时代教师教育发展的新乐章，标志着我国教师教育进入了新时期。

江苏理工学院创办于 1984 年，是长三角地区唯一的以培养职教师资为主要职责的省属普通本科院校，也是一所地地道道的师范院校——不仅培养了大批以既懂理论又会实践的“双能型”教师为主要特征的职业学校师资，而且主动顺应所在区域基础教育师资需求，厚植“双师”培养基因，培养了以小学语文教师、数学教师为代表的基础教育师资，为江苏及长三角地区的教师队伍输送了人才。

在多年的教师教育实践中，我们深切地感受到，优秀人才的培养离不开卓越的培养理念、优秀的教师、优良的教材、充足的设施和适切的教法，此外就是对教育保持热情和持续研究——因为教育既是一项永恒的道德事业，同时又是一项无时不在变化的创造性工作。上述必要但不一定充分的优秀师资人才培养条件，一方面可以部分“拿来”，另一方面也可以有效“借鉴”，而关键则是我们每一个从事教师教育工作主体的创新创造。21 世纪教育研究院有个口号是“教育因你而改变”，“在全球化和互联网的时代，教育的场域正在迅速扩大，‘学校在窗外’已经成为一个共识”。本着这样的思考，我校教师教育学院策划并编撰了“新时代教师教育系列丛书”，计划在三年时间内，每年出版几本学院教师研究与思考教师教育的著作和教材，其中首批出版的有李德方研究员主编的旨在帮助师范生和有志于教育者及正在从事教育工作的人士了解学术论文的基本特征并掌握学术论文写作方法和技巧的著作《怎样写文章——学术论文写作项目化教程》、杜秀花教授的以提高小学双语教师双语教育理论修养和实践能力为目标的著作《小学双语教育原理与实践》等。这些著作的出版一方面将有助于增添教师教育的资源，丰富教育教学的内容；另一方面也将有助于著作者求教方家、提升自我，进而搭建起与国内同行及研究者进行交流和联系的桥梁，共同为我国新时代教师教育的改革和发展贡献一份力量。

是为序。

朱林生

2020 年 8 月于中吴正德楼

目 录

绪 论

自泰勒正式提出“教育评价”这一概念后，西方现代教育评价理论与实践不断发展。一般认为，到目前为止共经历了四个评价理论发展时期，且逐步由测量走向评价，并关注评价中各主体尤其是教师的职责和角色。

一、研究背景

（一）教育评价发展的必然趋势

随着教育研究的不断推进，教育评价功能从选拔、甄别日益走向促进人的发展，教育评价也越来越关注如何构建科学的评价体系和机制，其关注点大到一个国家的教育质量、课程改革质量，小到一个地区、一个学校的教育质量和学校课程质量，均有涉及。各时期中，教育评价的功能和发挥的作用各异，涵盖了人才选拔、学生“双基”培养、素质教育、全面发展的人的培养等方方面面。在教育评价功能发生转向的同时，很多新兴评价方法开始涌现，外部评价如何贯彻和落实到内部评价，关涉到发展性评价的实现与否。作为内部评价关键主体之一的教师，其自身的评价角色和能力水平也要因应评价功能的转变而发生变化。

在传统评价中，教师对学生进行评价的目的是诊断学生的优势和不足，监控学生的进步，给学生评定等级，评定自身的教学效果。而现在学生在评价中的表现越来越多地被当作教师评估过程的一部分，测验结果也影响公众对教育效果的认识，评价更多的是为了教师明确教学目标进而改善教学质量。① 教师在对学生进行评价的过程中，不应只单纯关注评价什么、怎么评，也要思考怎样才能“评价好”。如何“评价好”对教师自身评价能力和作用的

---

① 〔美〕W · James Popham. 促进教学的课堂评价［M］. 国家基础教育课程改革“促进教师发展与学生成长的评价研究”项目组，译. 3 版. 北京：中国轻工业出版社，2003：8-15.

发挥提出了挑战。

（二）教育评价政策细化的应然结果

1. 旨在改革考试与评价制度

我国相关部门对改革考试与评价制度的规定是散落在教育改革、课程改革等各类政策性文件中的，1999 年，中共中央、国务院发布《关于深化教育改革全面推进素质教育的决定》，要求加快改革招生考试和评价制度，改变“一考定终身”的状况。2001 年，国务院《关于基础教育改革与发展的决定》提出，要加强对学生能力和素质的考查，改革高等学校招生考试内容，探索多次机会、双向选择、综合评价的考试与选拔方式。2001 年，《基础教育课程改革纲要（试行）》（以下简作《纲要》）颁布。《纲要》提出，要建立促进学生全面发展的评价体系，从课程评价的角度强调对学生发展、教师专业发展、课程发展的评价，并要求继续改革和完善考试制度，完善初中升高中的考试管理制度，考试内容应加强与社会实际和学生生活经验的联系，重视考查学生分析问题、解决问题的能力，部分学科可实行开卷考试，教师应对每名学生的考试情况做出具体的分析指导。2002 年，《教育部关于积极推进中小学评价与考试制度改革的通知》从中小学评价与考试制度改革的根本目的、评价内容、评价方法等层面做出规定，强调要研究制定便于评价者普遍使用的科学、简便易行的评价办法，探索有利于引导学生、教师和学校进行积极的自评与他评的评价方法。

2. 关注学生学业发展水平与学生评价质量

新课程改革以来，基础教育领域不断尝试和探索提升学生学业发展水平与评价质量的有效途径。2005 年，《教育部关于基础教育课程改革实验区初中毕业考试与普通高中招生制度改革的指导意见》指出，学业考试的命题应根据学科课程标准，加强试题与社会实际和学生生活的联系，注重考查学生对知识与技能的掌握情况，特别是在具体情境中综合运用所学知识分析和解决问题的能力，杜绝设置偏题、怪题；学业考试的方式要多样化，可根据考试的具体内容采用纸笔测验、听力测试及口试、实验操作等多种形式，纸笔测验也可采取闭卷、开卷或开闭卷结合等不同形式。2008 年，《教育部关于普通高中新课程省份深化高校招生考试改革的指导意见》提出，要建立和完善对普通高中学生的综合评价制度，并逐步将之纳入高校招生选拔评价体系。

2013年，我国开始启动教育评价改革，教育部颁布了《中小学教育质量综合评价指标框架（试行）》，要求对学生的品德发展水平、学业发展水平、身心发展水平、兴趣特长养成、学业负担状况进行评价；并指出，应从学生的知识技能、学科思想方法、实践能力和创新意识等层面对学生的学业发展水平进行评价。同年6月，《教育部关于推进中小学教育质量综合评价改革的意见》提出要建立综合评价指标体系，改进评价方式方法，科学运用评价结果；要充分利用已有的学生成长记录、学业水平考试、基础教育质量监测等成果和教育质量监测与评价机构的评价工具；要科学设计评价流程，有序开展评价工作，基本建立体现素质教育要求、以学生发展为核心、科学多元的中小学教育质量评价制度，切实扭转单纯以学生学业考试成绩和学校升学率评价中小学教育质量的倾向。教育部颁布的各类政策性文件，可以看作是关于学生学业发展水平和学业评价质量的专门性的政策文件，说明我国对学生评价的关注开始逐渐深入和细化。

3. 聚焦学生核心素养的政策推进

2014年，教育部颁布《关于全面深化课程改革 落实立德树人根本任务的意见》，提出要“研究制订学生发展核心素养体系和学业质量标准”“组织研究提出各学段学生发展核心素养体系，明确学生应具备的适应终身发展和社会发展需要的必备品格和关键能力”“各级各类学校要从实际情况和学生特点出发，把核心素养和学业质量要求落实到各学科教学中”。随着《中国学生发展核心素养》总体框架的发布，我国开始了新一轮以发展核心素养为动因的课程改革。2017年实施的“一体四层四翼”高考评价新体系，通过明确“必备知识”“关键能力”“学科素养”“核心价值”这四层考查目标，回答了高考“考什么”的问题。① 2017年9月，中共中央办公厅、国务院办公厅印发《关于深化教育体制机制改革的意见》，指出要完善义务教育均衡优质发展的体制机制，建立健全教育评价制度，建立贯通大、中、小、幼的教育质量监测评估制度，建立标准健全、目标分层、多级评价、多元参与、学段完整的教育质量监测评估体系，健全第三方评价机制，增强评价的专业性、独立性和客观性。

为深入贯彻落实习近平总书记关于教育的重要论述和全国教育大会精

---

① 姜钢．探索构建高考评价体系 全方位推进高考内容改革［N］．中国教育报，2016-10-11（03）．

神，完善立德树人体制机制，2020 年 10 月，中共中央、国务院印发《深化新时代教育评价改革总体方案》，指出当前教育评价改革的重点任务之一是改革学生评价，促进德、智、体、美、劳全面发展。2021 年 3 月，教育部等六部委印发《义务教育质量评价指南》，指出“义务教育质量评价包括县域、学校、学生三个层面”，其中学生发展质量评价“主要包括学生品德发展、学业发展、身心发展、审美素养、劳动与社会实践等五个方面重点内容，旨在促进学生德智体美劳全面发展，培养适应终身发展和社会发展需要的正确价值观、必备品格和关键能力”。其中学业发展包括学习习惯、创新精神和学业水平。同时，对义务教育质量评价的方式、评价的实施、评价结果的运用等做出了说明。

2021 年 7 月，中共中央办公厅、国务院办公厅《关于进一步减轻义务教育阶段学生作业负担和校外培训负担的意见》指出，要“全面压减作业总量和时长，减轻学生过重作业负担”；要“提高作业设计质量。发挥作业诊断、巩固、学情分析等功能，将作业设计纳入教研体系，系统设计符合年龄特点和学习规律、体现素质教育导向的基础性作业。鼓励布置分层、弹性和个性化作业，坚决克服机械、无效作业，杜绝重复性、惩罚性作业”。同时，要求教师加强作业完成指导，“指导小学生在校内基本完成书面作业，初中生在校内完成大部分书面作业；教师要认真批改作业，及时做好反馈，加强面批讲解，认真分析学情，做好答疑辅导。不得要求学生自批自改作业”。

为深入贯彻落实中央关于教育评价改革和“双减”工作部署要求，严格规范学校教育教学行为，切实降低学生考试压力，促进学生全面发展健康成长，2021 年 8 月，教育部办公厅发布《关于加强义务教育学校考试管理的通知》，对义务教育阶段学校的考试功能、考试次数、考试命题、考试结果、学习过程评价、学业质量监测、管理监督机制等做出要求。

从核心素养视角出发的各类政策性文件，对学生核心素养的目标、内容等做出了规定，未来也要尝试构建基于核心素养的评价体系。对教师而言，从学生评价角度看，核心素养是集体性、共同性的素养，既包括外显的、可量化的素养，也包括内隐的、不可量化的素养，其实现依赖于渐进性教学。学生发展核心素养的研究者设想建立基于核心素养的质量标准，描述经历一段时间教育之后学生在知识、技能、继续受教育的基本准备及适应未来社会等方面的能力。① 诸如学生个体获得的核心素养是否可测量，通过什么方式测量，以核心素养为依托的学业质量标准是历时性的还是结果性的，怎样确保其追踪性，在常态化教学与评价中如何关注到学生核心素养的养成情况，并有针对性地做出适当评价等问题，对教师的评价能力提出了挑战。

进入21世纪以来，基础教育政策文件向来不缺少对教育质量评价的关照，但从教师教育和教师专业发展角度而言，缺乏针对教师评价能力的专门的政策性文件。而教师评价能力则是教育目标实现和教育评价改革顺利开展的重要因素之一，从教师的角度关照教师对评价政策的贯彻、落实和执行，是未来教育评价政策进一步细化的应然结果。

（三）教师专业发展的内在要求

自1966年《关于教师地位的建议》颁布以来，教师的专业性质及其发展问题逐渐成为世界范围内教育研究领域关注的焦点。20世纪80年代，美国发表了两个报告:《国家为培养21世纪的教师作准备》《明天的教师》。这两份报告明确提出了“教学专业化”这一概念，并将其视为提高公共学校教育质量的唯一途径，掀起了美国80年代教育改革的“第二次浪潮”。在教学专业化运动的影响下，20世纪80年代以来美国教师教育改革的重点是有机统整教师的职前培养和在职培训，以“教师教育（teacher education）”的概念取代原有的“师资培训（teacher training）”的概念，由此提出了“教师专业发展”的课题，强调要提高教师的职业地位和社会地位，并建立与专业地位相应的衡量标准。

从本质意义上说，教师个体的专业发展与教学生涯每一阶段所掌握的从事良好教育教学实践必备的知识和技能有关。这个专业发展过程是动态性和发展性的，既要因应教育发展的需要，更要满足教师专业化标准及教师专业能力系统化和全面化的需要。各国的教师专业标准都对教师应具备的能力做出了详细说明，教师评价能力作为教师专业能力的重要组成部分，影响和制约着学生的学习与发展，是教师专业成长不可回避的课题。

---

① 辛涛. 学生发展核心素养研究应注意几个问题［J］. 华东师范大学学报（教育科学版），2016，34（01）.

（四）学生评价活动的现实需要

教师在日常教学中对学生进行评价是一项综合性、系统性的工作，既包含对学生学业能力和非学业能力的评价，也包含智力评价和非智力评价。教学是一项复杂的动态活动，教师既要保证教学的顺利进行，又要随时思考教学对学生产生的影响。教学、评价与决策是同时进行的，教师既要按计划进行教学，又要在教学过程中随时评价学生的学习和自我的教学，并做出适当调整。当然，教师在教学过程中的评价行为和结果可能受到教师主观性及学生群体大小的限制。

基础教育的基础性，就是为学生一生的发展和终身幸福奠基，而不是一时的分数和考试成绩。如何在学生评价中既合理照顾学生知识学习的结果，又兼顾学生终身发展所需的核心素养，是基础教育教师在日常教学和评价实践中必须直面与思考的问题。而国际上各类大型教育测评项目的兴起，更是不同程度地要求一线教师拓宽评价视野，吸收各类学业成就评价、能力及素养测试方面的有益经验，对学生做出恰当的、发展性的评价。

二、研究问题

本研究的出发点是将教师评价能力作为教师专业能力的重要组成部分，研究假设是教师具备一定的评价能力，且评价能力水平与其所处专业发展阶段息息相关；同时，如果找到教师评价能力的影响因素，设计有效方案，教师评价能力是可以提高的。研究的问题如下：

1. 教师评价能力的主要内容。
2. 小学数学教师评价能力现状及其在实践中的具体表现。
3. 小学数学教师评价能力的影响因素。
4. 小学数学教师评价能力的发展路径。

三、研究意义

（一）理论意义

本研究的理论意义有两个方面。一方面，为我国教师专业标准的完善提供参考。从世界范围看，我国各级教师专业标准正式以文件形式确立下来的时间相对较晚（2012），且各级教师专业标准对教师各项能力的要求尚未细化，对教师评价能力的要求也未得到应有的重视。另一方面，本研究从教师专业标准出发，尝试将教师评价能力作为独立问题进行研究，借鉴各国教师专业标准的内容及相关理论论述，提出从三维视域审视教师评价能力，从评价活动程序、评价形式角度确立教师评价能力的主要内容，同时关注教师评价能力发展中的评价伦理。

（二）现实意义

从实践层面看，对小学数学教师评价能力的现状调查与实践样态分析，展示了小学数学教师评价能力的整体状况；从课堂教学视频、学生作业及试卷等视角对教师形成性评价能力和总结性评价能力的实践样态进行了微观考察。研究将视点聚焦在小学数学教师评价能力的现状及其在教学场域中的具体情况，有助于从宏观及微观视角对教师评价能力及其影响因素进行解读。研究设计了小学数学教师评价能力发展的路径，并从实践上为小学数学教师和学校教研团体提供了参照案例。

四、研究思路与方法

（一）研究思路

2016 年，在 N 校开展教育调研和课堂观察的过程中，发现 N 校将教师的教学能力、学生的评价能力和科研能力作为提升教师专业能力的重要突破口。为此，针对 N 校不同学科的 39 位教师开展结构化和半结构化访谈，发现 N 校小学数学组的评价实践活动独树一帜，这是研究主题和想法的最初来源。

在此基础上，查阅国内外教育评价、教师能力结构及教师评价能力的相关研究，确立将研究的焦点定位于教师评价能力。研究思路如下：首先，在文献分析的基础上对教师评价能力进行界定。其次，针对不同研究问题分别设定相应的研究方法，并对研究工具的确立及相关数据的搜集和整理做了详细说明。再次，对教师评价能力及其主要维度进行详细阐释，根据专家咨询结果编制《小学数学教师评价能力调查问卷》，对 J 省省域范围内的小学数学教师进行调查，把握小学数学教师评价能力的总体状况；同时从录制的课堂教学视频中选取 30 节进行分析，了解小学数学教师形成性评价能力的实践样态；从 D、J 两校搜集34位学生的作业、试卷，对涉及的12位小学数学教师在其中所发挥的评价作用进行分析，呈现小学数学教师总结性评价能力的基本样态；结合教师、学生及相关管理者访谈，对影响因素进行探析。最后，在充分分析小学数学教师评价能力实践样态及影响因素的基础上，构建小学数学教师评价能力的发展路径。(图0-1)

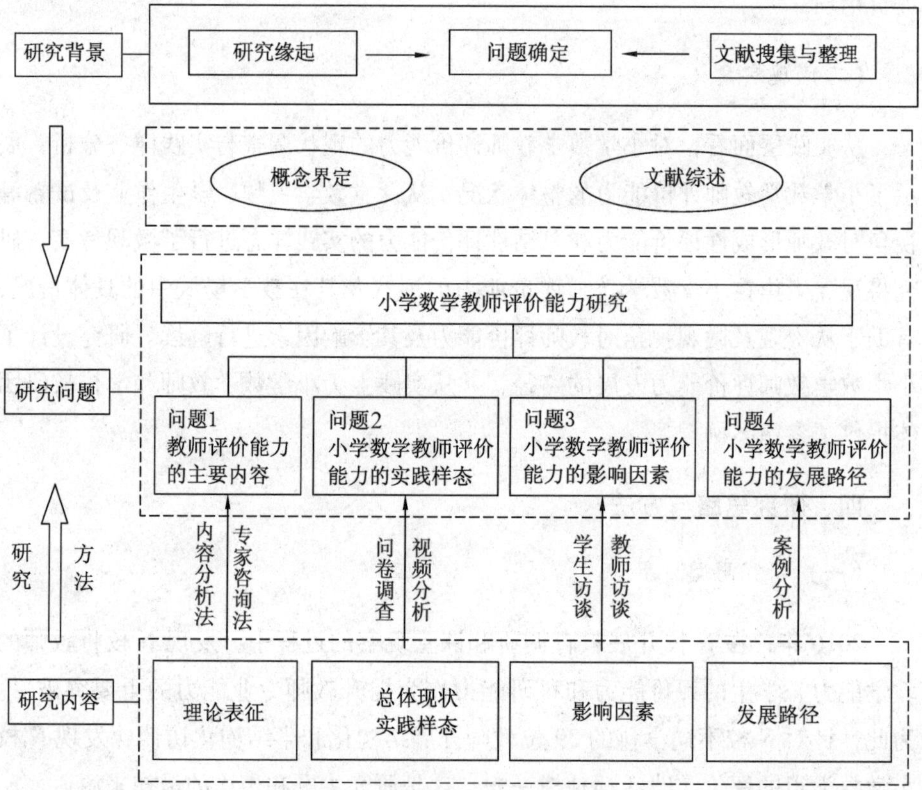

图0-1 研究思路图

（二）研究方法

从本质上说，本研究是质化研究与量化研究相结合的混合研究。具体而言就是，在确立教师评价能力研究维度时采用专家咨询法，以保证教师调查问卷的科学性；对小学数学教师评价能力现状的调查采用的是问卷调查法；对小学数学教师形成性评价能力和总结性评价能力的描绘采用的是质化分析的方法；通过课堂视频、学生作业及试卷分析来呈现小学数学教师评价能力的实践样

态；通过访谈法及案例呈现分析教师评价能力的影响因素。（表 0-1）

表 0-1 研究问题及研究方法

研究问题		研究方法
教师评价能力的要素		内容分析法、专家咨询法
小学数学教师评价能力的现状		问卷调查
小学数学教师评价能力的实践样态	形成性评价能力	课堂视频分析
	总结性评价能力	学生作业、试卷分析
小学数学教师评价能力的影响因素		访谈法

1. 内容分析法

内容分析法最早产生于传播学领域，主要是对传播内容所隐含的相关趋势或倾向进行归纳分析，可以采用质化和量化相结合的方式进行。① 内容分析法一般要经历提出问题或假设、抽取样本、选择分析单元、建立分析类目、定量处理与计算、解释与检验等环节。② 本研究在充分阅读国内外关于教师专业能力、教师评价能力等文献资料的基础上，选定美、澳、新、英、法、中等 6 个国家的教师专业标准或相当于教师专业标准的文件作为对象，着重针对其中关于教师评价能力的内容进行梳理（表 0-2），提取各标准中教师评价能力的主要内容，并统计其在各方面出现的频次，同时将其作为专家咨询时的主要维度。

表 0-2 教师评价能力主要内容来源参照表

国 家	内容来源
美 国	*In TASC Model Core Teaching Standards*
澳大利亚	*Australian Professional Standards for Teachers*
新西兰	*Professional Standards for Secondary Teachers —Criteria for Quality Teaching*
英 国	Teachers Standards & Standard for Teachers' Professional Development

① 刘良华. 教育研究方法［M］. 2 版. 上海：华东师范大学出版社，2014：87.

② 孙瑞英. 从定性、定量到内容分析法——图书、情报领域研究方法探讨［J］. 现代情报，2005 (01).

续表

<table>
<tr><th colspan="2">国　家</th><th>内容来源</th></tr>
<tr><td colspan="2">法　国</td><td>《教师培训大学学院的教师培训管理手册（2007）》</td></tr>
<tr><td rowspan="3">中国</td><td>大陆地区</td><td>《小学教师专业标准》</td></tr>
<tr><td>中国台湾</td><td>《教师专业标准指引》</td></tr>
<tr><td>香港特别行政区</td><td>《学习的专业　专业的学习——教师专业能力理念架构及教师持续专业发展》</td></tr>
</table>

2. 专家咨询法

本研究采用内容分析法，对 6 个国家教师专业标准中的教师评价能力进行初步统计，同时通过目的性抽样选择高校中的教育评价专家及一线专家型教师等共计 30 位，通过面对面访谈、问卷调查及邮件、电话咨询等对教师评价能力研究的主要维度进行专家咨询，为小学数学教师评价能力调查问卷的编制奠定基础。

3. 访谈法

"'访谈'是一种研究性交谈，是研究者通过口头谈话的方式从被研究者那里收集（或者说'建构'）第一手资料的一种研究方法。"① 本书中关于教师评价能力影响因素的研究主要是通过访谈的方式进行的。在 N 校、D 校、J 校的教育调研及课堂观察中，研究者与相关学生、教师及教育行政人员建立良好的关系，通过"在现场"中与各利益相关者进行交流与互动，先后与不同年级共 79 名学生就考试、学校生活及学生关心的其他问题等进行交谈；与 20 余位一线教师就学生评价、考试、学校课程、人才培养等问题进行交谈；与学校教育行政人员和市级、区级教研员就教师成长、课堂评价及学生评价等话题进行访谈。对教师的访谈主要有两轮，第一轮是在研究过程中进行的；第二轮是在第一轮访谈资料整理的基础上，针对问卷调查、课堂视频分析、学生作业及试卷分析中的部分问题进行重点访谈。（访谈提纲见附录 V、附录 VI）

4. 问卷调查法

问卷调查是以书面提出问题的方式搜集资料的一种研究方法。通过问卷调查可以了解和把握调查对象在特定问题上的观点、看法、态度等。本研究在专

① 陈向明．质的研究方法与社会科学研究［M］．北京：教育科学出版社，2000：165.

家咨询的基础上，借鉴国外教师评价能力测试调查问卷的结构，编制了《小学数学教师评价能力调查问卷（初稿）》，经过试测修改问卷中的部分表述，最终对J省444名小学数学教师进行调查，以了解小学数学教师评价能力的实践样态。

5. 课堂视频分析

"视频分析提供了一种新的技术和路径，让研究者更好地分析真实课堂情境下的教-学发生过程，为各种类型的涉及教学过程的研究提供了新的选择。"① "观察和提问是教师在课堂上收集学习信息最主要的两种方式，它们的优势在于可以即时收集不同于学生成果的信息。"② 而在现实课堂教学中，教师的观察往往是随机的、缺少计划性和目标性的，常常蕴含在教师的潜在意识中，在合适的时机调动并加以利用，但教师的课堂提问等评价语言和行为，则直接反映了教师的评价能力。

本研究对教师形成性评价能力的刻画主要是根据教师在课堂评价中所展现的对学生学习过程的评价能力，一般通过课堂教学中教师对学生的提问、学生的回答、教师的反馈来实现。在课堂教学中，教师的评价行为往往缺少特定的评价方案与预设，常常是根据学生的语言、行为做出的即时性反馈与评价。研究者根据课堂视频进行预分析，发现教师评价学生、生生评价及学生自我评价等都伴随着提问、作答、反馈（教师提问、学生作答、教师反馈，甚至学生的提问、反问、反馈等时常是交织在一起的）。最终确定从评价目标、评价主体、评价对象、评价内容、评价语言等五个方面，分析教师的形成性评价能力。

五、资料的收集与整理

（一）问卷的收集与整理

为了解小学数学教师评价能力的现状，在对问卷试测结果进行统计分析后确立了问卷的最终版。正式问卷确立后，在J省发放问卷500份，共计回收问

---

① 郑太年，仝玉婷. 课堂视频分析：理论进路、方法与应用［J］. 华东师范大学学报（教育科学版），2017，35（03）.

② 郑东辉. 教师需要怎样的课堂评价技能：对美国经典教材的考察［J］. 教育发展研究，2014，33（02）.

卷 479 份，问卷回收率 95. 8%。其中有效问卷 444 份，问卷有效率为 92. 7%。教师的基本信息情况主要包括性别、年龄、教龄、学历、职称、任教科目（数学单科，语、数双科）、任教年级、学校所在地等八个方面，这八个方面作为后续差异分析的相关变量。

（二）课堂教学视频的收集与整理

1. 课堂教学视频的收集

鉴于拟对课堂教学中教师形成性评价能力和总结性评价能力实践样态的分析采用质化研究方法，因此，在收集课堂教学视频和学生作品时，选择目的性抽样方法，即按照研究目的抽取能够为研究问题提供最大信息量的研究对象，由此确定了更便于研究且更容易发现问题的 D、J 两校。

表 0-3　各年级课堂视频数量统计表

<table>
<tr><th colspan="2">课　型</th><th>三年级</th><th>四年级</th><th>五年级</th><th>六年级</th><th>总计（节）</th></tr>
<tr><td colspan="2">常规课</td><td>3</td><td>5</td><td>2</td><td>6</td><td>16</td></tr>
<tr><td rowspan="2">公开课</td><td>普通公开课</td><td>2</td><td>0</td><td>0</td><td>2</td><td rowspan="2">14</td></tr>
<tr><td>同课异构公开课</td><td>0</td><td>4</td><td>6</td><td>0</td></tr>
<tr><td colspan="2">总计（节）</td><td>5</td><td>9</td><td>8</td><td>8</td><td>30</td></tr>
</table>

2016 年 9—12 月和 2017 年 9 月—10 月，研究者分别在 D、J 两校听课和参与教研活动，并录制课堂教学视频 53 节。为了更好地研究小学数学教师形成性评价能力在微观课堂教学中的具体表现，选取 D、J 两校常规课，部分教师参与公开课视频，以及 A 市几次教研活动中的公开课共计 30 节，作为视频分析对象，其中：常规课 16 节、公开课 14 节，公开课中普通公开课 4 节、同课异构公开课 10 节。具体构成是：三年级 5 节课，其中 3 节常规课、2 节普通公开课；四年级 9 节课，其中 5 节常规课、4 节同课异构公开课；五年级 8 节课，其中 2 节常规课、6 节同课异构公开课；六年级 8 节课，其中 6 节常规课、2 节普通公开课。（表 0-3）

2. 课堂教学视频整理

为了对视频做更深入的分析，2017 年 10—11 月，将所选视频逐一进行文字转录，形成课堂实录 20 余万字，并将其编码，其中执教者代码分为三个部分：第一部分，字母“D”代表 D 校，字母“J”代表 J 校，字母“A”代表

A 市；第二部分，数字代表年级情况；第三部分，阿拉伯数字代表其在所属单位授课的前后顺序。如“D-3-1”表示 D 校三年级第一位教师，“J-4-1”代表 J 校四年级第一位教师，“A-4-1”代表 A 市参与同课异构的四年级第一位教师。“课型”部分的字母“C”代表常规课，字母“G”代表普通公开课，字母“T”代表同课异构公开课。“时长”一列表示每节课的分秒数，“字数”一列表示的是每节课转录成文字后的字数，“日期”一列表示授课的时间。从时长上看，常规课视频共计 9 小时 34 分 51 秒；公开课共计 10 小时 56 分，其中普通公开课 4 小时 23 分 4 秒，同课异构公开课 6 小时 32 分 56 秒。（表 0-4）（课堂实录例见附录Ⅳ）

表 0-4　课堂视频情况统计表

序号	年级	授课内容	执教者	课型	时长	字数	日期
1	三年级	里程表	D-3-1	C	40′25″	7665	2016-09
2	三年级	需要多少钱	D-3-2	G	80′42″	11433	2016-10
3	三年级	整十数除以一位数	D-3-3	C	34′36″	8795	2016-10
4	三年级	可能性	A-3-1	G	33′27″	6923	2017-11
5	三年级	两位数乘一位数	D-3-4	C	43′05″	3351	2016-10
6	四年级	加法结合律 1	A-4-1	T	36′52″	9073	2017-10
7	四年级	加法结合律 3	A-4-3	T	40′11″	5659	2017-10
8	四年级	加法结合律 4	A-4-4	T	40′53″	4822	2017-10
9	四年级	加法结合律 5	A-4-5	T	40′23″	7839	2017-10
10	四年级	有多少名观众	D-4-1	C	38′36″	7038	2016 10
11	四年级	乘法结合律	J-4-1	C	32′30″	5990	2017-10
12	四年级	参观花圃	D-4-2	C	43′30″	4056	2016-10
13	四年级	买文具	D-4-3	C	40′	5551	2016-10
14	四年级	神奇的计算工具	D-4-4	C	38′27″	5433	2016-10
15	五年级	三角形的面积 1	A-5-1	T	41′24″	8819	2017-10
16	五年级	三角形的面积 2	J-6-1	T	40′36″	5540	2017-10
17	五年级	三角形的面积 3	A-5-3	T	36′04″	6568	2017-10
18	五年级	三角形的面积 4	A-5-4	T	41′29″	6516	2017-10
19	五年级	三角形的面积 5	A-5-5	T	37′36″	6789	2017-10
20	五年级	三角形的面积 6	A-5-6	T	37′28″	5266	2017-10
21	五年级	除得尽吗？	J-5-1	C	38′49″	4642	2017-09

续表

序号	年级	授课内容	执教者	课型	时长	字数	日期
22	五年级	平移和轴对称	J-5-1	C	24′56″	3637	2017-09
23	六年级	分数混合运算 1	J-6-1	C	41′14″	7585	2017-09
24	六年级	分数混合运算 2	J-6-1	C	36′52″	4472	2017-09
25	六年级	合格率	J-6-1	C	36′30″	5028	2017-10
26	六年级	合格率	J-6-2	C	37′31″	6139	2017-10
27	六年级	圆的面积	A-6-1	G	60′58″	11143	2016-09
28	六年级	圆的认识	J-6-2	C	33′58″	5579	2017-09
29	六年级	百分数	A-6-2	G	87′57″	11430	2017-09
30	六年级	这月我当家	J-6-1	C	33′52″	6041	2017-10

（三）学生作业及试卷的收集与整理

对小学数学教师总结性评价能力的考察是通过分析学生作业、测试卷中教师对学生作答情况的批改、评语和评分来进行的。研究主要收集了 D、J 两校一年级至六年级 12 位小学数学老师对应所在班级学生的同步练习（课后作业）及试卷等。从 D 校一年级到六年级各选 1 位数学老师（数学单科），与每位老师沟通选择班级 3 名处于不同学习水平的学生，收集学生的作业、阶段试卷、习作本（正式分析中并未使用）；从 J 校一年级到六年级中每个年级选 1 位教师（语、数双科），每位教师根据其对应班级人数选择 2 名或 3 名学生的同步练习、试卷。（表 0-5、表 0-6）

表 0-5　D 校学生作品汇总

教师	作品类型	
	同步练习本/套	试卷份/套
D-1-1	1×3	(3+1)×3
D-2-1	1×3	(4+1)×3
D-3-3	1×3	(7+1)×3
D-4-2	1×3	6×3
D-5-1	1×3	(4+1)×3
D-6-1	1×3	(4+1)×3
总 计	18 本	99 份

表 0-6　J 校学生作品汇总

教师	作品类型	
	同步练习本/套	试卷份/套
J-1-1	1×2	(4+1)×2
J-2-1	1×3	(5+1)×3
J-3-1	1×3	(4+1)×3
J-4-1	1×3	(4+1)×3
J-5-1	1×2	(4+1)×2
J-6-1	1×3	(13+1)×3
总 计	16 本	110 份

（四）访谈资料的收集与整理

教师访谈主要分三个方面。首先是在研究初期针对教师在学生评价中的实际做法，对教师进行半结构化访谈，通过与几所学校教师的交流，了解小学数学教师在学生评价中的观点和实际做法。其次是在研究过程中课堂教学结束后进行访谈，其旨在了解小学数学教师在课堂教学中特定评价行为的主要意图及师生感受。这部分访谈都是在课后或公开课结束后针对教师、学生进行的开放式访谈。最后是在问卷调查、课堂视频分析、学生作品分析后，针对三个层面反映出的部分典型性问题，对不同地域、不同教龄的教师进行访谈，这部分访谈相对而言更具有目的性和针对性。（表 0-7）

表 0-7　不同研究阶段访谈对象简表

阶　段	访谈焦点	访谈对象	访谈方式	访谈人数（人）
研究初期	日常教学中的评价	N、D、J 三校小学数学教师	半结构化访谈	39
研究中期	教学中与评价相关的现象	授课教师	开放式访谈	24
研究后期	问卷调查、课堂视频分析、学生作品分析后反映出的典型性问题	部分研究对象	聚焦式访谈	30

第一章 概念界定及文献回顾

一、概念界定

（一）能力

1. 能力是一种个性心理特征或能动力量

能力，既是人们顺利完成某种活动的心理特征①，也是胜任一定体力或脑力任务的现有机能②，包含胜任某项工作或做好某一事情的才能、力量或条件③。同时，能力也是“以人的一定的生理和心理素质为基础，在认识和实践活动中形成、发展的完成某种任务的能动力量；是体力和智力的有机结合，物质和精神的动态统一”④。这几种界定都是从某一方面对“能力”进行理解的，亦即“能力”是个性心理特征或能动力量。

2. 能力是顺利完成某种活动所需的综合本领

《心理咨询大百科全书》对“能力”的定义是从广义和狭义两个层面出发的。广义上的“能力”，通常指完成某种作业所必备的心理和行为条件，包括完成这种作业的有效方式及与此相应的个性心理品质；狭义上的“能力”，仅指保证顺利完成一定活动所必需的心理特征。⑤ 也有学者将“能力”称为“顺利完成某种活动的本领”，“指人准确、快速、有意识地完成某种实践性或思维活动所必需的诸要因的组合”。⑥ 这种界定将“能力”理解为完成某种活动所需本领的综合，从广义和狭义两个层面对“能力”进行界定，而不仅仅将

---

① 周德昌．简明教育辞典［Z］．广州：广东高等教育出版社，1992.

② 王国富，王秀珍．澳大利亚教育词典［Z］．武汉：武汉大学出版社，2002.

③ 莫衡等．当代汉语词典［Z］．上海：上海辞书出版社，2001.

④ 罗树华，李洪珍．教师能力概论［M］．济南：山东教育出版社，2001：7.

⑤ 车文博．心理咨询大百科全书［Z］．杭州：浙江科学技术出版社，2001.

⑥ 刘晋伦．能力与能力培养［M］．济南：山东教育出版社，2001：3.

“能力”看作是个性心理特征；同时，将“能力”与“活动”联系在一起，在具体活动中体现并发展，既是一种主观条件，也是一种心理特征，而且还包含影响活动质量的其他多种因素。

本研究对“能力”的理解是广义层面的，即能力是顺利完成某种活动的力量或本领，包括完成一定活动的具体方法及所必需的心理特征，但不对方法、本领、心理特征进行细致化区分。

（二）评价

不同研究者因其所处地域、时代背景、研究视角、研究关注点的差异，对“评价”概念的理解各异。

1. 评价是活动过程

英国《西方教育词典》指出，在英国，评价（evaluation）的主要目的是鉴别效果和判断某种学习经历（如一堂课、一门科目、一套完整课程）的有效性。在美国，该词的意思相当于英国的评价（assessment）。评定学生学习经历前和经历后的成就是评价工作的重要内容；也包括访问教师、行政人员、学生、家长和社区其他人士评判性地分析教材、观察教学活动等。评价（assessment）是一个活动过程，即一个人（通常是教师或主考者）试图确定另一个人（学习者）具有的知识、能力或技能的全过程。它要求教师在学生从事正常学习活动时注意观察学生；教师也可以因特殊需要而制作特殊的评定活动，如小测验、考试和口头测验等。这几种观点，既陈述了评价的目的，又对评价中教师与学生的地位和主要活动做了简要说明。

马扎诺认为评价是一个活动过程。评价（assessment）是有计划的活动，这种活动“能提供学生对一个具体的测量主题的理解力和技能运用的相关信息”；测试（test）是“发生在某个具体时间，并最常用纸笔形式进行的一类评价”；评估（evaluation）表示“在评价的基础上对学生的理解力和技能做出判断的过程”；测量（measurement）是“根据一套明确的规则对评价打分”；评分（score）是“通过测量的过程用数字或字母对评价打分”。①从评价活动过程的展开角度说，马扎诺对几个概念的区分，在一定意义上呈现了评价中应该关注的几个程序，同时也阐明了评价者在评价过程中的作用。

---

① 〔美〕罗伯特·J. 马扎诺. 有效的课堂评价手册［M］. 北京：教育科学出版社，2009：37.

古巴和林肯的观点将评价活动看成是一种心理建构的过程，且在这一过程中要照顾各利益相关者的需求。他们也梳理了评价的多角度定义：① 评价是决定目标（目的）与成绩一致性的过程。② 评价是描述、容纳及提供有用信息的过程，以便做出选择。③ 评价是比较实际效应与预期需要的过程。④ 评价是通过鉴赏和批判来精确描述和鉴定的过程。[①] 实际上，这几种观点都认为评价是一个活动过程，在这一过程中，通过鉴别信息，衡量目标与结果的一致性，或做出最终的鉴定和判断来实现评价。

2. 评价是价值判断

评价是一种规则性探究活动，去评判一些实体的价值（merit/worth），目的是改进或精炼评价行为（形成性评价）或者评估它的影响（总结性评价）。[②] 评价也可以是“根据各种观察或评价者自身背景及所受训练而做出有价值的判断或决策的过程”[③]。这里涉及的“评价”在本质上是价值判断的过程。

在我国，对“评价”内涵的界定，最终落脚点大多在价值判断。如，“评价是一种价值判断的活动，是对客体满足主体需要程度的判断”[④]。评价=测量（量的记述）或非测量（质的记述）+价值判断。对事物进行量的判断称为事实判断。事实判断是对事物的现状、属性与规律的客观描述。价值判断并不是由客体单方面决定的。价值判断是在事实描述的基础上，根据评价者的需要和愿望对客观事物做出评判。这里对“评价”的定义将“评价”的内涵与资料搜集方法融合在一起，即要通过测量的方法得到数据，对数据的事实判断是价值判断的前提和基础。评价应包含一些具体内容，“如对教育目标的实现程度作出的价值判断。这类判断有时只依据由测验提供的测量值，更多地则是综合各种测量、关键性事件、主观印象和其他各种证据”[⑤]。这几种对“评价”内涵的界定，都注重价值判断，只是价值判断有个过程，这个过程是与评价活

---

① S. Lincoln，Y. S. & Guba. E. E. *Research，Evaluation，and Policy Analysis：Heuristics for Displined Inquiry* [J]. Policy Studies Review，1986，5（03）.

② S. Lincoln，Y. S. & Guba. E. E. *Research，Evaluation，and Policy Analysis：Heuristics for Displined Inquiry* [J]. Policy Studies Review，1986，5（03）.

③ 〔美〕吉尔伯特·萨克斯，詹姆斯·W. 牛顿．教育和心理的测量与评价原理 [M]. 王昌海等，译．4版．南京：江苏教育出版社，2002：25.

④ 陈玉琨．教育评价学 [M]. 北京：人民教育出版社，1999：7.

⑤ 顾明远．教育大辞典：下 [Z]. 增订合编本．上海：上海教育出版社，1998：1188.

动的程序联系在一起的。

本研究采用《教育评价辞典》中对评价的界定，即“对人或事物的价值作出判断。依照一定的价值标准，通过系统地收集资料，对评价对象的质量、水平、效益及其社会意义进行价值判断的过程”①。这里的“价值判断”同样需要依据事实判断进行，且事实判断是一个循序渐进的过程，是蕴含在教育评价活动中的。

（三）评价能力

评价是对人或事物的价值做出判断的过程。但这种判断并不是随意的、毫无根据的，而是要建立在科学、客观的数据和信息基础上。本研究中的评价能力是指顺利完成价值判断所需的能力。进一步说，教师对学生进行评价需要通过测量、观察、测验等方法，得到关于学生学习及能力、素养、情感等发展的相关证据。需要强调的是，本研究中的评价主要是指教师对学生的评价，因此评价能力也是教师对学生进行评价的能力。

（四）教师评价能力

教师不会评价，就不能客观评判自己教学的有效性，也不能成长为专家型教师。优秀教师既要研究教学，又要研究评价；既应是教学专家，又应是评价专家。教师的决策会影响学生的学习和生活，因此教师必须掌握可靠的评价知识，具备相应的评价能力，学会使用评价中的一些技巧。有些学者将教师应具备的评价知识、评价能力、评价态度等合并在一起，称作“教师的评价素养”。教师评价能力是指教师在教育教学中具有的能够准确知觉、判断学生各个方面成长特征的能力，是教师调控教学的基本前提。教师评价能力是教师教育能力的重要组成部分，是教师教学监控能力的基础，是反映教师职业水平的一个标志。② 本研究将焦点放在教师评价能力上，并非有意将知识与能力割裂开来，也不在于对知识和能力进行细致化的概念界定与区分，更不是否定教师的评价意识、评价态度等因素的重要作用，而是将研究视野进一步缩小，关注

---

① 陶西平．教育评价辞典［Z］．北京：北京师范大学出版社，1998：55.

② 魏红，申继亮．中小学教师评价学生能力的现状与对策［J］．教育理论与实践（学科版），2004（05）.

教师在具体教育、教学环境中评价行为发生时所展现出的评价能力的实践样态，虽然教师评价能力与其所占有的评价知识、所持有的评价态度等息息相关。

本研究中的教师评价能力是指为完成评价活动应具备的能力。需要强调的是，本研究中的教师评价能力是指教师对学生进行评价的能力，不包括教师对教科书、同行及自我教学的反思与评价。

二、文献回顾

随着社会分工和职业的分化演进，教师职业角色经历了从“兼职”到“专职”的转换，并逐步进入“专业”发展阶段。教师作为“教书育人”形象的专业身份与能力开始越来越受到研究者和实践者的关注。教师专业能力及其发展不仅关系到教师自身的专业成长，更关乎学生的全面发展。通过查询国内外学术网站，研究者发现，与教师评价能力相关的很多研究都是交织在一起的。特别是，国内关于教师专业能力、教师评价能力等的研究，起初都是在介绍国外研究和经验。直到 2012 年我国各级教师专业标准颁布，教师专业能力才正式以文件形式从教师专业发展视角确立下来，其中教师评价能力属于专业能力范围，同时教师评价能力主要是通过课堂中的形成性评价及总结性评价显现的。

（一）关于教师专业能力的研究

教师专业能力及其构成受到研究者们的持续关注，他们对教师专业能力、专业结构或专业素质的探索从未间断。对教师专业能力的研究主要是从社会发展及人才培养目标需要、学生全面发展的要求及教师自身成长的本质特征等角度展开的。对教师专业能力的研究主要聚焦在概念、内容和重要性这三个层面。

1. 教师专业能力的概念

教师专业能力是指教师在从事教育教学活动中，顺利完成教学任务所表现出来的个性心理特征。教师专业能力具有个体性、情境性、创新性和发展性的特点，需要经历由被动性习得过渡到主动性习得，由虚拟性实践过渡到现实性实践，由规定性发展向迁移性发展过渡，由实践的一般感受性向实践的反思性过渡等过程。①

教师专业能力与教师专业化、教师专业发展、教师素质、教师职业能力等概念有一定的内在联系。教师专业能力是教师专业化运动的结果，是在教师专业化理论基础上发展起来的概念，是教师专业化发展水平的具体体现。它与教师职业素质是同等概念，强调教师完成教育教学活动的综合素质，是对教师专业能力的广义理解。它是教师专业素质的下位概念，等同于教师职业能力，强调教师顺利完成教育教学活动的能力特质，是教师专业素质的重要组成部分。教师专业能力是教师职业能力的组成部分，是教师从事教师职业活动必须具有的专业化能力，即教师特殊能力。②

对教师专业能力的概念界定与对能力的概念界定一脉相承，二者都包含个性心理特征及从事本职工作的能力。

2. 教师专业能力的内容

教师的素质结构主要包括动力系统（思想品德）、知识系统、能力系统等三个层面。能力素质结构分为三个层次，第一层次包括观察力、记忆力、想象力、思维力、注意力；第二层次包括自学能力、表达能力、组织能力等；第三层次包括教学能力、教育能力和科研能力。③ 可见，这种划分主要在于其层次性，即教师首先应具备一定的心理品质和德行；其次，要具备一般的教育者应该具备的基本能力；第三层才是最为本质的、有教师专业特色的教育、教学、科研能力。

从不同角度理解教师的专业能力结构，会有不同的观点。从横向看，主要是教师对教育对象的影响力，应包括教育能力和教学能力。④ 纵向上，从教师专业能力的发展过程看，教师专业能力应包括前专业能力、专业意识及生成能力、专业调适能力。⑤ 教师专业能力由德、能、体、心这四个要素组成，具体

---

① 吴志华，柳海民．论教师专业能力的养成及高师教育课程的有效教学途径［J］．教师教育研究，2004，16（03）．

② 李芹．关于教师专业能力本质的思考［J］．中国教育学刊，2013（S2）．

③ 马超山，张桂春．教师素质结构模型初探［J］．辽宁师范大学学报（社会科学版），1989（04）．

④ 申继亮，王凯荣．论教师的教学能力［J］．北京师范大学学报（人文社会科学版），2000（01）．

⑤ 郝林晓，折延东．教师专业能力结构及其成长模式探析［J］．教育理论与实践（学科版），2004（07）．

可分为师德、教育专业素养、学科专业水准、博雅素养、身体素质、心理素质等六个方面。① 这几种观点都是对教师专业能力内容的具体划分，其出发点不同，划分的标准各异，结论也有所差别。

将教师的专业能力划分为具体的能力构成，方便教师及研究者将教师的能力放在较为微观的视域下进行思考和研究。教师素质应包括：精深的内容知识；教育教学技能；了解学生，对学生负责；评价学生和基于评价的教学；课堂管理能力；反省实践能力与方法；合作的观念和能力。② 引导学生自主学习与自主发展这一教师核心能力，可以分解为设计能力、组织能力、预测能力、援助能力、评价能力。评价能力是“指教师对学生的自主学习与自主发展活动进行系统性和动态性的价值判断的能力”③。教学评价能力主要是指学生学习评价能力、课程评价能力、自我教学评价能力。④

评价能力是教师专业能力的重要组成部分，对教师专业能力的研究会涉及对其评价能力的阐述。

3. 教师专业能力的重要性

教师的专业知识和专业技能在教师专业能力中至关重要，在学生发展中不可或缺。教师的专业知识和专业技能会影响所有教学工作核心任务的完成。比如，教师对教学内容及学生的认识，会影响其对教材及其他教学资料选择的适当性，也会影响到他们能否在课堂中有效地展示这些内容。“教师评价学生进步方面的技能，也有赖于其对教学内容以及学生学习的理解与认识的深刻程度。如果教师缺乏帮助学生掌握课程内容的知识与技能，那么任何东西都无法弥补这种缺憾。”⑤

对教师专业能力概念、内涵、结构等的研究古已有之，其作为教师专业发展不可回避的话题从来就未从人们的视野中退去，但研究者的思路和方法总是在不断更新和变化中的。进入 21 世纪以来，人们对教师专业能力的探讨开始聚焦在更为细致化的视角，并尝试对教师某一方面的特殊能力进行关注，如教

① 李方 . 新课程对教师专业能力结构的新要求［J］. 教育研究，2010，31（03）.

② 谢安邦，朱宇波 . 教师素质的范畴和结构探析［J］. 教师教育研究，2007（02）.

③ 朱超华 . 教师核心能力论［M］. 广州：广东高等教育出版社，2007：61.

④ 王宪平 . 课程改革与教师教学能力发展研究［M］. 上海：学林出版社，2009：114-116.

⑤ 〔美〕Michael Fullan. 教育变革的新意义［M］. 武云斐，译. 4 版 . 上海：华东师范大学出版社，2010：209.

学设计能力、课堂管理能力、评价能力等。

（二）关于教师评价能力的研究

教师评价能力的英文为“assessment literacy”或“assessment competence”，本研究的焦点不在于对能力和素养等概念的界定和辨析，意在梳理关于教师评价能力及其在各类研究和文献中的发展情况及具体内容，期望对关于教师专业能力中较为微观的“评价能力”有更为深刻的理解，故将关于教师评价能力或素养的研究均纳入文献综述中。关于教师评价能力的研究主要集中在重要性、现状、提升策略等层面。

1. 教师评价能力重要性

20 世纪 50 年代至 70 年代，美国教师入职认证与教师教育课程中，要求开设教育测量课程的讨论，提出应为职前教师准备相关教育测量知识与技能；1989 年评价与测量专家围绕我们的教师在测量与评价技能方面是否有充足的培训展开讨论，要求在职教师具备评价与测量方面的知识、技能。① 美国教育学家波帕姆（Propham W. J.）认为如果教师缺乏评价素养，就意味着专业自杀。斯蒂金斯则认为，教师们有四分之一到三分之一的专业时间用来从事与评价有关的工作。各国都已开始探索如何从实践层面提升教师的评价素养，澳大利亚政府、新南威尔士大学、维多利亚州政府教育与培训部于 2015 年联合推出 TEAL 项目，旨在提升将英语作为第二语言的教师和学生在学习中的评价素养，并为教师和学生提供在线支持，主要帮助教师在“学习评估”框架内评估和报告学生的英语语言水平和学习进度。

有评价素养的人，要对高质量评价和低质量评价的意义有基本的理解，并能将这种知识运用于学生成就的多种测量。教师的评价素养应包含以下五个方面：始于清晰的目的；关注成就目标；选择适当的评价方法；抽样学生的成就；避免偏见和歪曲。教师在评价领域必须具备以下技能：评价的基本概念与术语；评价的使用；评价的规划与开发；评价的解释；评价结果的描述；评价的评估与改进；反馈和评分；评价伦理。哈格里夫斯曾邀请 83 位教师和校长参与了人们怎样理解“为了学习的评价”的调查，调查显示，教师和校长认为，为了学习的评价意味着：第一，监控学生学业表现及目标达成情况；第

① 郑东辉．美国教师评价素养研究述评［J］．全球教育展望，2011，40（06）．

二，使用评价获取下一步教学的信息参考；第三，教师要为了下一步的改进给予反馈；第四，教师获得学生学习的信息；第五，学生更多地掌控自己的学习和评价；第六，将评价转换成学习结果。为了学习的评价是多样的，涉及正式性评价及非正式性评价，简单易操作，可以让学生回答一节课涉及的知识点，也可以通过测验来检测学生对所学知识的理解。国内从事教师评价能力研究的主要是华东师范大学部分学者，王少非①、郑东辉②、赵雪晶③等从评价活动过程中教师应具备的能力着手，对教师评价能力进行阐释；也有学者（孔凡哲④，叶延武、张加健⑤）从实际操作等技术层面对教师应具备的评价素养进行刻画。

2. 教师评价能力的现状

20世纪八九十年代，美国发起了一次调查州教师入职资格认证与教师教育项目是否开设了评价或测量课程的研究，调查发现：大部分州的教师入职资格认证与教师教育项目没有评价方面的课程要求，即使有，很多课程所教的内容与教师所应知道与所需实践的评价也不匹配。教师在课堂中实际所需的和教师所接受的评价培训内容很不匹配。⑥ 想要创办真正意义上有效的学校，教育者必须知道怎样收集学生成绩的可靠证据，并使用评价过程和结果去支持或者证明学生的成绩是与情境有关的。最大的挑战是去劝说学校领导者在发展评价素养上分配一定的资源。⑦

当前教师专业发展的许多方面已进入到后专业时期，但教师评价素养的发展依然停滞在前专业时期，教师基本上靠“试误”的方式来掌握一些实践性的技艺。⑧ 教师对学生智力特征方面的评价好于对学生非智力特征方面的评价；存在着“高分即优”的评价激励标准；教师评价学生的途径和方式主要

---

① 王少非．教育评价范式转换中的教师评价素养框架［J］．教师教育研究，2009，21（02）.

② 郑东辉．教师评价素养内容框架探析［J］．教育科学研究，2010（10）.

③ 赵雪晶．基于听评课的教师评价素养提升策略研究［J］．教师教育研究，2013，25（02）.

④ 孔凡哲．切实提高每一位中小学教师的评价素养［J］．教育测量与评价（理论版），2011（04）.

⑤ 叶延武，张加健．教师评价素养：概念与行动［J］．中小学管理，2012（04）.

⑥ Richard J. Stiggins. *Relevant Classroom Assessment Training for Teachers* [J]. *Educational Measurement: Issues and Practice*, 1991, 10 (01).

⑦ Richard J. Stiggins. *Improve Assessment Literacy outside of Schools too* [J]. *Phi Delta Kappan*, 2014, 96 (02).

⑧ 王少非．我国教师评价素养现状及归因分析［J］．当代教育科学，2008（12）.

有考试测验、观察、活动产品分析、个别谈话、家访、向同学或其他教师调查等。[①] 我国教师评价素养的现状主要表现在以下三个方面：第一，评价理念存在严重偏差。许多教师头脑中并没有清晰的认识，更多的是凭习惯或经验行事。第二，评价知识严重缺失。第三，评价技能水平较为低下。试卷编制技能、命题技能、试卷整合技能、结果反馈技能低下。[②] 教师评价偏见也将影响教师评价能力的正确发挥，部分教师将学生视为“比自己低下”者，人为设置种种针对“差生”或弱势群体的不当规范，在各种评价情境中对其加以贬损与压制。[③]

这些都反映了教师的评价能力或素养发展存在诸多问题，如因评价理念、评价理论知识、评价技术水平的不足等，导致在课堂教学中的评价能力存在差异。因此，需要从宏观视角关注教师的评价能力。

3. 教师评价能力的提升策略研究

教师评价能力的提升需要从多个角度努力。首先，要对教师的评价素养和评价活动进行元评价；其次，要加强新评价理论的研究、宣传和教育；再次，要把教育评价或教学评价作为独立课程和研究课题；最后，对发展性评价的质性评价方法要强化示范引领。[④]

在教师评价能力提升中也要关注学生的具体作用，鼓励学生监督并反思教师的工作和表现。教育评价应引出学生的最佳表现。教师提供的任务应该是具体的、在学生经验范围内的，这些任务应当清楚地呈现，并与学生当前的关怀相关，更应该是无威胁的，能够减轻学生的压力以提高其表现。[⑤] 教师不能只是确定正确和错误的答案，还应认识到学生是在什么样的范围内思考的，要能区分学生回答中的错误、失误、误解和缺失。[⑥]

提高教师的评价素养需借助学校的校本行动。学校管理者和教师应把评价

---

① 魏红，申继亮．中小学教师评价学生能力的现状与对策［J］．教育理论与实践（学科版），2004（05）．

② 王少非．我国教师评价素养现状及归因分析［J］．当代教育科学，2008（12）．

③ 王帅．教师评价偏见与反偏见评价构建［J］．中国教育学刊，2013（06）．

④ 南纪稳．教师评价素养的现状、问题与提升策略［J］．教师教育论坛，2016，29（06）．

⑤ Gipps，C. V. *Beyond Testing：towards a Theory of Educational Assessment*［M］．London：Flamer Press，1994：8-9．

⑥ Bennett，R. E. *Formative Assessment：A Critical Review*［J］．*Assessment in Education：Principles，Policy & Practice*，2011，18（01）．

和教学目标、教学策略等放在同等重要的位置，在教学改革过程中，学校管理者应让评价进入教学模式，使其成为课堂的“规定动作”。同时，加强对评价结果的运用，选择合适的评价方式，设计有效促进学生学习的评价方案，把学生纳入评价主体，让学生在评价中学习，促进学生自主学习、自主反思，开发促进学生学习的连续性评价方案。①

为了促进新手教师向专家型教师评价素养发展，可以制定针对性的表现标准。具体做法有，开展教学研究与课堂实践，开展以评价为主题的教学研究。而课堂观察、教学反思、协同解决问题的模式，则有助于新手教师与有经验教师之间的互相交流；教师在自身课堂实践中应致力于“课例研究”和实现“教学与评价一体化”，重视评价在课堂实践中的作用。② 教师的评价素养体现在评价设计、实施和评价结果的运用上，其本质却是对培养什么人、怎样培养人这一核心价值的把握。③

对教师评价能力或素养的考察，宏观上讲是一个系统化、全面化、程序化的过程，要求教师具备较为全面的知识系统、评价方法和技巧。在教育实践中，对教师评价能力或素养的关注，一般而言是从对学习过程的监控和对学习结果的监测两个层面展开的。对学习过程的监控一般表现为课堂评价，对学习结果的监测一般表现为对学生学业成就的评价。

（三）关于课堂评价的研究

课堂评价能力与教师的课堂教学紧密地联结在一起，教师在备课过程中就开始预测在特定问题上学生可能存在的问题，并事先思考自己的反馈方式和方法：在课堂教学中对学生的评价和反馈方式可以通过言语形式表达，也可以通过非言语形式表达；可以是肯定性的，也可以是否定性的；可以采取及时评价，也可以采取延时评价。教师的评价方式和方法直接影响学生的学习，也会反映到教师后续的教学中。因此，合理把控课堂评价的氛围，是教师必备的基本能力。

---

① 叶延武，张加健．教师评价素养：概念与行动［J］．中小学管理，2012（04）．

② 周淑琪．新手教师和专家型教师评价素养研究——基于教师专业标准的比较［J］．比较教育研究，2014，36（01）．

③ 于立平．加拿大中小学课堂评价改革管窥与启示——以 WNCP《课堂评价再思考：有目的的评价》为例［J］．课程·教材·教法，2013，33（05）．

1. 课堂评价的内涵与类型

课堂评价是围绕学校日常教学活动的各种评价形式的总称。它既包括课堂练习、课堂测验及课后作业，也包括教学情境中师生的问答和引导，还包括教师对学生表情、动作、学习状态和个性特征等情况随时随地的观察和判断。① 国内对课堂评价的看法主要有三种。第一，课堂评价是教师在系统采集、分析有关学生学习信息的基础上，运用特定的标准判断学生的学习情况，并以此为依据做出教学决策的活动。第二，课堂评价是对课堂教学的评价，亦即对课堂教学这一价值事实进行评价。第三，课堂评价就是课堂教学评价，包括对学生的学、教师的教及二者间关系的评价。② 这三种代表性观点在研究对象上是存在差异的。第一种观点强调教师在课堂教学中对学生学习进行的评价，评价对象是学生及学生学习；第二种则侧重对课堂教学本身及其价值的评价；第三种强调由外部力量对教师教、学生学及二者间关系的评价，这里的评价主体是除教师以外的第三方教育行政部门或其他教育人员。

本研究中的课堂评价是指师生运用评价工具收集、分析和解释学生学习信息，进而对学习状况作出判断并提供建议以改善学习的活动过程。③ 这一概念界定更与国外关于课堂评价的概念相一致，即课堂评价主要是对学生学业成就的评价，不包括对教师教学的评价。同时，课堂评价是收集学习信息以改善教学的过程。④ 实际上作为课堂的主体，教师和学生在课堂上的互动蕴含了丰富的与评价有关的活动，从课堂评价的视角出发，可以窥探教师评价能力及其具体表现。

当以教师为课堂评价主体时，对其评价能力的考察便显得尤为重要。课堂评价能力（素养、素能）是教师专业素质的具体表现，为了实践“教育性评价”，教师归根结底需要锻造自己的“评价素养”，如评价的概念、评价的意识、评价的规划、评价的解释、评价的描述、评价的评估、评价的改进与评价的伦理，等等。⑤ 中小学教师需要掌握教学目标选择与分解，评价方法与目标

---

① 杨向东．促进学习的课堂评价设计与使用［J］．基础教育课程，2010（06）．

② 郑东辉．教师需要怎样的课堂评价技能：对美国经典教材的考察［J］．教育发展研究，2014，33（02）．

③ 郑东辉．试论课堂评价与教学的关系［J］．课程·教材·教法，2014，34（12）．

④ 郑东辉．教师需要怎样的课堂评价技能：对美国经典教材的考察［J］．教育发展研究，2014，33（02）．

⑤ 钟启泉．课堂评价与教师课堂评价素养的养成［J］．现代基础教育研究，2012，5（01）．

匹配，运用试题、表现性评价、档案袋评价、观察和提问等技术收集信息，评定、报告与反馈评价结果，解释与交流标准化测验成绩，以及运用评价结果反思教学等六项技能。①

课堂评价可分为为了学习的评价（assessment for learning）、学习中的评价（assessment as learning）和对学习的评价（assessment of learning），这三个各有侧重却又相互依存的类型，使课堂评价在实践中具有了明确的目标指向。② 这种划分根据评价目的不同，

2. 当前课堂评价存在的问题

当前课堂评价存在失衡的问题，即重视“教”的评价，轻视“学”的评价；重视单一的学业成绩评定，轻视了综合学力评价；重视个人层面的评价，而轻视集体层面的评价；重视总结性评价，轻视形成性评价；重视“主科”的评价，轻视“副科”的评价；重视基于教学过程的一般视点的评价，轻视基于学科固有逻辑的评价；重视基于外在标准的观测者评价，轻视基于内在标准的自我评价；重视量化取向的评价，而轻视描述取向的评价。③ 也就是说，当前课堂评价轻视对学生学的评价和学生综合学力的评价，缺乏集体评价和基于学科逻辑的评价，忽视自我评价及质化评价。

实际课堂评价的开展，主要依赖于任课教师的经验和偏好，对评价任务的设计能力，以及对课外练习资料的理解、鉴别或选择水平。教师缺乏必要的理论和技术来指导自己检验课堂评价的质量，不能通过教育测量理论和技术将不同形式的课堂评价方式加以整合，纳入一个统一的对学生学业成就的评价框架。④ 教师在课堂教学中对学生的评价，更多是依据个人经验，与评价理论相关的知识占有不足，教育评价技术的掌握水平较低。

当前我国中小学实践中“教学-学习-评价一体化”的观念未能得到充分的认识。尽管被狭化为考试的评价在学校/课堂层面频繁地实施，但学生的学习并未因此有明显的改善，许多学生还因为在学校/课堂层面的评价中遭遇失

① 郑东辉．教师需要怎样的课堂评价技能：对美国经典教材的考察［J］．教育发展研究，2014，33（02）．

② 于立平．加拿大中小学课堂评价改革管窥与启示——以 WNCP《课堂评价再思考：有目的评价》为例［J］．课程·教材·教法，2013，33（05）．

③ 钟启泉．课堂评价与教师课堂评价素养的养成［J］．现代基础教育研究，2012，5（01）．

④ 杨向东．谈课堂评价的地位与重建［J］．全球教育展望，2009，38（09）．

败而丧失了学习的兴趣和信心。

3. 课堂评价研究的要点与关键

鉴于学校/课堂层面的评价质量取决于教师的评价素养①，因此，本研究中的课堂评价是教师作为主体在课堂教学中对学生的评价。同时，评价研究需要解决和澄清三个问题：第一，评价的前提条件——价值判断；第二，认识课堂教学过程的基本性质，明确课堂评价的基本框架——视点（观测点）、策略、范畴、工具与方法；第三，教师在教学实践当中学会课堂评价。② 具体而言，实现课堂评价研究的转型至少要综合考虑以下几方面：建立与新课程的学业成就观相一致的评价模式；对学生学习和认知过程及学业成就发展过程有基本的认识；在课程（包括课程标准和教材）、教学和评价三者协调一致的大背景下思考课堂评价的设计和运用；追求一种将评价活动整合到教学过程之中的动态的连续性评价模式；追求多元化的评价模式；重视对课堂评价合理性和科学性的检验；建立评价结果与学习、教学之间的信息反馈机制。③ 同时，教师不仅要积极参与教学质量评价指标体系的建立，而且要在评价实施过程中灵活运用评价标准来观察了解教学现象与过程中的行为变化，调整教学目标，及时采取有效的教学策略，保证教学任务的完成。④

开展课堂评价研究，一定要关注教师作为主体的角色与作用，同时将视角转向课堂教学中教师对学生的评价，尤其关注教师在评价中与学生的互动。

（四）关于学生学业成就评价的研究

学业成就评价是指以国家课程标准为依据，以学业评价标准为准则，以学科内容为目标，运用质性和量化的方法，测评学生在一定时期内的知识、能力和情感的发展水平，并进行价值判断。⑤ 相较于课堂评价，学生学业成就评价更多聚焦在学科内部，是对学生综合能力的评价，对教师而言，评价的指向更加具体。

---

① 崔允漷．教师应先学会评价再学习上课［J］．基础教育课程，2008（11）．

② 钟启泉．课堂评价与教师课堂评价素养的养成［J］．现代基础教育研究，2012，5（01）．

③ 杨向东．谈课堂评价的地位与重建［J］．全球教育展望，2009，38（09）．

④ 裴娣娜．论我国课堂教学质量评价观的重要转换［J］．教育研究，2008（01）．

⑤ 梅松竹，朱文芳，冷平．数学学业成就评价试题编制研究［J］．课程·教材·教法，2013，33（03）．

美国纽约州评议会调查显示，评议会的考试对该州学校所教内容的影响比课程纲要更大。① 这表明在一定意义上，考试的内容对教师的教学内容有重要影响。美国在评价学生和学校方面已经形成了“学业成就+综合素质评价+标准化考试（学习竞争能力考试，或应用、研究潜力测试）”的综合评价模式，而其对综合评价的目标结构的界定则是：综合评价目标=学习（成就、能力、素养）评价目标+成长（程度、个性、素养）评价目标+应用、研究潜力（或学习竞争能力）测试目标。② 当前学业成就评价的考察维度是比较单一的，有的甚至仅仅测量了学生的记忆力。地方或学校往往通过设立特定的分数界限比较各地、各校、各学生间的差异，衡定谁好谁劣，借此达到问责要求。实际上，学生学业成就评价应以课程标准为依据，形成考察匹配程度的维度，考察测验细目表，对题目逐一进行分析，分析整体测验的质量。③ 未来我国学生学业成就评价应明确考试的功能与目的，建立明确的权责体系，完善考试结果的反馈机制，提供考试的服务支持。④

当然，对学生进行学业成就评价也受到一定程度的质疑，但不能因此排除其在特定范围和背景下对学生学习收获的检视作用。基础教育的基础性，就是为学生一生的发展和终身幸福奠基，而不是一时的分数和考试成绩。在对学生学习进行测评的过程中，如何合理照顾到学生知识的学习结果，又兼顾学生终身发展所需的核心素养，是基础教育教师必须直面并在日常教学实践中思考的课题。

（五）小结

1. 从评价活动程序的视角考察教师评价能力

教师的评价活动要按照教育评价活动的程序展开，当然有时教师对学生的评价是即时性的，会缺少评价目标或评价方案等。但这些都是教师在潜意识中迅速组织起来的一系列默会知识，虽然未以显性的方式呈现出来，不过，教师

---

① 〔美〕拉尔夫·泰勒．课程与教学的基本原理［M］．罗康，张阅，译．英汉对照版．北京：中国轻工业出版社，2014：131.

② 张勇，姚春艳．教育评价改革再认识［N］．光明日报，2015-04-21（014）.

③ 崔允漷，夏雪梅．试论基于课程标准的学生学业成就评价［J］．课程·教材·教法，2007，27（01）.

④ 何珊云．基于标准的学生学业成就评价——澳大利亚的经验［J］．全球教育展望，2008（04）.

一定知晓其内在逻辑理路，且其评价观念和知识的运用也是内隐的。对教师评价能力的考察，应关注评价活动程序的推进，同时也要强调评价结果的使用对教师专业发展和学生成长的功能与作用。

2. 关注评价方法操作中的教师评价能力

通过相关文献梳理发现，除从教师专业标准的视角将教师评价能力作为教师专业能力的一部分进行研究外，还需关注课堂教学中教师的具体评价能力。随着现代教育评价的发展，我国基础教育评价体制机制改革不断推进，无论是外部大规模评价还是学校内部评价方法都发生了改变，日常评价中教师开始涉猎各类评价方法，因此需要将教师评价能力置于具体学生评价实施中进行考察。

3. “教师评价”与引导学生“自我评价”并重

对教师评价能力的考察一般是从教师作为评价主体的角度，强调其在评价学生过程中的“应为”与“能为”。学生因生理、心理、自我认知等的影响，很难主动地进行自我评价。教师在对学生进行评价的过程中，不能忽视学生这一重要主体的自我评价。教师应引导学生主动进行自我评价，通过自我评价激发自身的内在学习动力，养成良好的行为习惯，从而优化学生评价的主体结构，使学生成为自我评价者。

4. 教师应兼顾“评价能力”与“评价伦理”

纵观各类教育评价著作，遵循评价伦理一般出现在评价原则中，并未被列入主要程序和过程，但澳人利亚和美国的教师专业标准对教师的评价伦理作出了说明。评价伦理主要是指评价主体在评价过程中尊重评价对象，减少个人偏见，对评价对象的个人隐私保密等。对教师评价能力的考察，不能忽视评价伦理的作用。1992 年，美国心理学会（APA）出版了《心理学家伦理原则和行为准则》，详细规定了心理学家在从事心理测量、心理咨询和心理实验过程中应遵守的伦理准则，为教师在评价过程中应遵循的伦理准则提供了重要参考。

第二章　教师评价能力的理论表征

“教师为什么要评价学生？传统观点认为是为了诊断学生的优势和不足，监控学生的进步，给学生评定等级，评定教师的教学效果；现在则是因为测验结果影响公众对教育效果的认识，学生在评价中的表现越来越多地被当作教师评估过程的一个部分，评价有助于教师明确教学目标进而改善教学质量。① 作为教师专业能力的重要组成部分，评价能力关系到外部评价如何贯彻和落实到内部评价中，直接关系到教师的专业发展和学生核心素养的达成。在对学生进行评价的过程中，相关评价方法的把握，相关评价结果的运用，直接关系到评价效果。理论表征是对教师评价能力的一种理性审视，实际上是对教师评价能力应然层面的期许与理论表达，是对教师评价能力进行研究的理论前提和概念基础。

一、教师评价能力的内容：基于6个国家教师专业标准的分析

教师评价能力是教师专业能力的重要组成部分，同时也是促进学生发展的重要手段。从普遍意义看，教师专业标准是国家对合格教师的基本专业要求，是教师开展教育教学活动的规范和行动准则，在某种意义上也是对教师工作进行评定、考核的依据。因此，教师专业标准反映的是一个国家对教师的师德、知识、能力等的最低要求。我国及美国、澳大利亚、英国、法国、新西兰等国的教师专业标准对教师的评价能力有不同程度的关注。为了使研究视角更进一步聚焦，本研究在综合分析的基础上，对上述6个国家教师专业标准中关于教师“评价能力”的内容进行剖析。②

---

① 〔美〕W. Janes Popham. 促进教学的课堂评价［M］. 国家基础教育课程改革“促进教师发展与学生成长的评价研究”项目组，译. 3版. 北京：中国轻工业出版社，2003：8-15.

② 潘婉茹，孔凡哲. 教师评价能力的要素分析及启示：国内外教师专业标准比较的视角［J］. 外国中小学教育，2017（11）.

（一）教师专业标准中关于教师评价能力的内容

1. 我国教师专业标准中关于教师评价能力的内容

（1）香港地区

香港师训与师资咨询委员会于 2003 年 11 月颁布《学习的专业 专业的学习 教师专业能力理念架构及教师持续专业发展》，阐述了不同专业发展阶段教师应具备的专业能力，其理念架构包括四个领域：教与学范畴、学生发展范畴、学校发展范畴、专业群体关系及服务范畴。每个范畴对教师专业能力的描述都是从“基本要求”到“力能胜任”再到“卓越境界”。评核及评估是教与学范畴下的四个二级指标之一，涵盖“掌握评估学生的方法及程序”“使用学生评核结果”“评估及检讨教学及学习计划书”等三方面。（表 2-1）

表 2-1 香港地区教师专业标准中关于评价的内容

	基本要求 →		能胜任 →		卓越境界 →	
领域：评估及评核	掌握评估学生的方法及程序	能依照法定评核及报告的要求，并懂得如何拟备和向学生阐述资料性报告；掌握个别学生达到的水平，根据学业目标评核学生，并由资深教师给予指导	适当地使用既定评核方法及程序；备存有关学生进度及成绩的详细记录，并就主要事项向学生提供回馈	对于既定评核方法及程序运用自如，偶尔进行调整，以配合教与学的评核；向学生提供正面的回馈，推动他们力求进步，创出佳绩	广泛使用各种评核模式，并不断将此等模式配合教与学评核项目；在适当时候向学生及家长提供准确及资料性的评核报告	不断检讨评核模式，并确保此等模式配合现行的课程目标、评核信念及做法
	使用学生评核结果		同意评核结果反映学与教的成效，但在策划课堂时却甚少采用此等评估结果	乐意使用评核结果改善教与学，为全班或偶尔为个人和各类学生作课堂策划	有效使用评核结果改善教与学，在同一年级或某个学习领域，善用此等评核结果，为全班、各组别学生以至个人作课堂策划	不断使用评核结果开展有助于学生改善学习的课程
	评估及检讨教学及学习计划书		认识教与学的评估工具；对评估自身任教的科目感兴趣	能将校内不同学习课程的评估结果与自身的教学工作连接；有效使用评估数据，凸显校本的课程决策	明确设计校本学习评估的关键事项，力求改善教与学；能选择适当的评估工具，并在有需要时设计简单的评估工具	领导设计并推行有效的学习评估计划，力求改善校本的教与学工作

（2）台湾地区

我国台湾地区“教育部”于 2016 年 2 月 15 日发布《教师专业标准指引》，为规划师资培育及在职专业发展提供参考。该标准是依据 2012 年《教育师资培育白皮书》愿景，为彰显教师作为专业工作者的专业形象而制定的。其主要目的在于从专业力、教育爱、执行力等三个层面打造“师道、责任、精致、永续”的良师形象。标准共包含 10 项一级指标和 29 项二级指标，其中“运用适切方法进行学习评量”属于一级指标，并包含三个主要方面。（表 2-2）

表 2-2 台湾地区教师专业标准中关于评价的内容

二级指标	具体内涵
采用适切评量工具与多元信息，评估学生能力与学习	了解各种评量方法的特性与限制，依据教学目标，善用各种评量活动，评估学生学习，并将评量结果回馈至教学活动，以改进教学设计
运用评量结果，提供学生学习反馈，并改进教学	运用分析评量结果资料，了解学生优劣势，以提供学生具体的学习反馈及指导，引导学生评估自己的学习成果，制定适合自己的学习策略与学习计划
因应学生身心特质与特殊学习需求，调整评量方式	觉察学生身心特质与个别学习需求的差异，了解相关的评量方式，以发现学生的学习困难，进而设计个性化的教学与评量方式。具备转介与鉴定流程的概念，视学生的个别需求，寻求学校行政、社区网络及社会支持系统的协助

（3）大陆地区

2012 年，教育部颁布基础教育阶段各级教师专业标准，从“专业理念与师德”“专业知识”“专业能力”等三个方面对各级教师的专业素质提出了基本要求。在“专业能力”中，规定教师要对学生进行“激励与评价”，且各级教师专业标准中的要求基本类似。（表 2-3）

表 2-3 我国大陆各级教师专业标准中关于评价的内容

阶段	内 容
幼儿园	52. 关注幼儿日常表现，及时发现和赏识每个幼儿的点滴进步，注重激发和保护幼儿的积极性、自信心。 53. 有效运用观察、谈话、家园联系、作品分析等多种方法，客观地、全面地了解和评价幼儿。 54. 有效运用评价结果，指导下一步教育活动的开展。

续表

阶段	内　容
小学	47. 对小学生日常表现进行观察与判断，发现和赏识每一个小学生的点滴进步。 48. 灵活使用多元评价方式，给予小学生恰当的评价和指导。 49. 引导小学生进行积极的自我评价。 50. 利用评价结果不断改进教育教学工作。
中学	52. 利用评价工具，掌握多元评价方法，多视角、全过程评价学生发展。 53. 引导学生进行自我评价。 54. 自我评价教育教学效果，及时调整和改进教育教学工作。

2. 澳大利亚教师专业标准中关于教师评价能力的内容

《澳大利亚教师专业标准》（*Australia Institute for Teaching and School Leadership National Professional Standards for Teachers*）主要从“专业知识”“专业实践”“专业参与”等三个层面论述新毕业教师（graduate teachers）、熟练型教师（proficient teachers）、娴熟型教师（highly accomplished teachers）、领导型教师（lead teachers）所应达到的专业能力水平（表2-4）。在关于教师对学生的学习成绩作出评价、反馈和报告层次，从“评价学生学习”“为学生的学习提供反馈”“对学生做出一致性的、可比较的判断”“解释学生评价的数据”“学生学业成就报告”等五个层面论述了4个发展阶段教师所应达到的评价能力水平。《澳大利亚教师专业标准》更加侧重教师对评价结果的处理、汇报与使用。（表2-5）

表2-4　澳大利亚教师专业标准及主要内容

一级指标	二级指标
专业知识	☆ 了解学生及学生如何学习 ☆ 了解教学内容及其教学方法
专业实践	☆ 计划并实施有效的教与学 ☆ 创造并维持安全而素有支持性的学习环境 ☆ 对学生的学习作出评价、反馈及报告
专业参与	☆ 积极进行专业学习 ☆ 与同事、家长或监护人等专业团体合作

表 2-5 澳大利亚教师专业标准中关于评价的内容

S5	二级指标	新毕业教师	熟练型教师	娴熟型教师	领导型教师
对学生的学习做出评价、反馈及报告	5.1 评价学生学习	了解学生评价策略，包括正式评价和非正式评价，以及诊断性评价、形成性评价、总结性评价等学生学习评价方法	开发、选择、使用正式或非正式及诊断性、形成性、总结性评价策略评价学生学习	制定和应用全面的评价策略来诊断学生的学习需求，符合课程要求，支持同事评价其所采用评价方法的有效性	评价学校评价政策和策略，以支持同事使用评估数据诊断学习需求，符合课程、系统和/或学校评估的要求，并采用一系列评价策略
	5.2 为学生的学习提供反馈	了解对学生学习提供即时、适当反馈的目的	为学生提供与学习目标相关的学业成就的即时、有效和适当的反馈	从有效的策略范围中选择，并提供基于对每个学生当前需求的及时判断的有针对性的反馈，促进渐进式学习	提供示范性实践并启动支持同事应用一系列即时、有效、合适的评价策略
	5.3 对学生做出一致性的、可比较的判断	展示对评估的理解及应用，以支持对学生学习进行一致和可比较的判断	了解并参与评价调试活动，对学生学习做出一致性和可比较的判断	组织对学生学习进行一致性和可比较的判断的评价调节活动	领导、评价调节活动，以确保对学生学习做出的一致性和可比较的判断能够满足课程、学校或系统的要求
	5.4 解释学生评价的数据	展示解释学生评价数据的能力，以评价学生的学习和改善教学实践	使用学生评价数据进行分析，评价学生对学科/内容的理解，确定干预措施，调整教学实践	与同事一起使用来自内部和外部学生评价的数据，来评估学习和教学，确定干预措施，调整教学实践	调节学生成就表现和评价方法，采用学生外部评价和内部评价数据，以改善教学实践
	5.5 学生学业成就报告	了解一系列向学生和家长/监护人报告评价结果的策略，以及保存准确可靠的学生成绩记录的目的	清晰、准确、有礼貌地向学生、家长/监护人汇报学生学业成就，利用准确、可靠的评价记录	与同事合作，为学生、家长/监护人提供关于学生学习及成就的准确、翔实和即时的报告	评价、修正学校的报告和问责机制，以满足学生、家长/监护人和同事的需求

3. 新西兰教师专业标准中关于教师评价能力的内容

《新西兰中学教师专业标准》（*Professional Standards for Secondary Teachers—*

Criteria for Quality Teaching）主要包括专业知识、专业发展、教学技术、学生管理、学生动机、语言和文化、有效交流、同事支持与合作、广泛参与学校活动等9个层面。其中关于教师评价能力的论述主要集中在教学技术层面。此外，在专业知识层面也对三个阶段教师应掌握的评价知识及课程理论、学习理论、评价理论的实践应用等做出了说明；在相关课程中的能力能够反映教师对学习和评价理论是否有稳定的知识基础；在适当情况下，在理论和实际应用中能展示深入的关于学习和评价理论的知识。（表2-6）

表2-6　新西兰教师专业标准中关于评价的内容

新入职教师	成熟教师	有经验的教师
*在专业指导下，形成有效策略 *方案规划和评价设计 *教学技术 *开发并适当使用教学资源 *使用当前适当的技术 *教学技术和策略的评价与思考	*规划和使用适当的教学计划、策略、学习活动和评价 *在一系列有效的教学技术中表现出灵活性 *利用适当的技术和资源 *有效地传授学科内容 *从改进的视角评价、反思教学技术和策略	*展示专业知识和精益求精的策略 *开发并实践教学计划、教学资源、学习活动和评价制度 *高效的教学技巧 *评价、鉴定、反思自己和他人的教学实践，取得积极成果

4. 英国教师专业标准中关于教师评价能力的内容

2012年，英国教育部颁布《教师标准》（*Teachers' Standards*）对2007年教师专业标准做出调整，取代了质量保障标准和核心标准，强调教师要把学生教育作为首要关注点，对达到尽可能高的工作和行为标准负责。教师要以诚实守信为原则行事，具有较强的学科知识，不断更新知识和技能，进行自我批评；建立积极的专业关系，并与家长一起为学生的最大利益而工作。《教师标准》取消了维度划分，包括两部分内容。第一部分，对教师的专业能力提出了八条基本要求：为学生设定启发、激励、挑战性的高期待；促进学生取得良好的进展和学习成果；良好的学科和课程知识；有计划地组织有效教学；根据学生的优势和需要调整教学；准确、高效地评价；有效管理学生课堂行为，为学生创建良好、安全的学习环境；履行广泛的专业职责。第二部分围绕教师个人及专业操守展开，从公众、学校、法律这三个角度做出具体说明。值得一提的是，英国2012年版《教师标准》对学校提出了指导性意见，进一步说明了各个层面标准的详细内容。（表2-7）

表 2-7　英国教师专业标准中关于评价的内容

具体要求		指南中的相关说明
准确、高效地评价	◇ 了解并理解如何评价相关科目和课程领域，包括法定评价要求 ◇ 利用形成性和总结性的评价来确保学生的进步 ◇ 使用相关数据来监控进度，设定目标，并计划后续课程 ◇ 给予学生定期的反馈，包括口头和准确标记，鼓励学生对反馈做出回应	◇ 要求新合格教师对所教授学生年龄范围内的学科/课程的法定评价有确切理解，并能准确地评价学生对国家标准的达成情况 ◇ 能有效使用一系列适当的形成性评价方法，并能根据学生的反应调整教学内容 ◇ 持续准确记录学生进步，并使用这些记录为所有学生制定适当的挑战性目标 ◇ 新合格教师定期准确地评价学习者的进步，并与他们讨论评价，以便学习者知道已经做了哪些及需要为改进学习再做些什么 ◇ 新合格教师对目标实现水平有深刻的理解，并支持他们的总结判断

5. 美国教师专业标准中关于教师评价能力的内容①

2011 年 4 月，美国州立学校干部理事会（Council of Chief State School Officers）通过州际教师评估与支持联盟（Interstate New Teacher Assessment and Support Consortium）颁布《示范核心教师专业标准》（*Model Core Teaching Standards*），该标准概述了贯穿所有学科领域和年级的教学实践的共同原则与基础，是提高学生学业成就所必需的规范。该标准不再只适用于“新入职”教师，而是作为专业实践标准推行。美国为教师职业生涯的不同发展阶段制定了不同的绩效标准，并提出了学习者和学习（学习者发展、学习差异、学习环境）、教学内容（学科知识及学科知识的应用）、教学实践（评价、教学计划、教学策略）和专业责任（领导力与协作精神）等 4 个维度 10 项指标，将教师评价能力融入教学实践。这也从一定意义上说明，美国的全国性教师专业标准将评价作为教学不可分割的一部分。（表 2-8）

表 2-8　美国教师专业标准中关于评价的内容

序号	评价的内容
1	能在适当时机平衡形成性评价和总结性评价的运用，以支持、验证和记录学习
2	设计符合学习目标的评价方法，并最大限度地减少可能扭曲评价结果的偏见来源
3	能够独立或与其他教师合作，通过检查考试和其他表现性数据来了解每个学习者的进步情况并给予指导计划

---

① 张治国．美国四大全国性教师专业标准的比较及其对我国的借鉴意义［J］．外国教育研究，2009，36（10）．

续表

序号	评价的内容
4	让学习者了解、确认高质量的学习任务，并提供有效的描述性反馈，针对学生的进步做出指导
5	将以多种方式吸引学习者展示知识和技能作为评价的一个过程
6	将教学过程模式化和结构化，引导学习者检视自己的思维方式和学习方式及他人的表现
7	有效使用多种适当类型的评价数据来确定每个学生的学习需求，并发展差异化的学习经验
8	使所有学习者为特定评价形式做好准备，根据评价或测试环境做出适当调整，特别是为残疾学习者和有语言学习需求的学习者
9	不断寻求适当的方法并采用技术来支持评估实践，以更充分地吸引学习者，并评价和解决他们的需求。

6. 法国教师专业标准中关于教师评价能力的内容

2007 年 1 月，法国国民教育部颁布了《教师培训大学学院的教师培训管理手册》。该手册列举了中小学教师应具备的 10 项专业素养：教师作为国家公务员的道德和职责、教学和沟通的语言能力、学科教学能力和综合文化素质、计划并实施教学活动的能力、组织班级工作的能力、了解学生多样性的能力、评价学生的能力、使用信息与通信技术的能力、与学生家长和学校伙伴协调合作的能力和改革创新能力；并分别从知识、技能、态度这三个层面来细化教师在每一项能力上的具体表现和要求。其中关于评价学生的能力见表 2-9。

表 2-9　法国中小学教师专业标准中关于评价的内容

序号	评价的内容
1	教师能够理解评估的功能
2	设计在不同教学时间中的评估步骤，能够确定评估需要的等级
3	根据要实施的评估目标和类型设计评估问题
4	详细说明评估过程，指导学生做评估准备
5	分析观察到的结果，辨别误差的产生
6	设计补救活动，帮助学生巩固已学的知识（教学练习，口头或笔头的记忆练习，辅助、支持和加强的活动等）
7	教师要发展学生在自我评估方面的能力
8	实践评估认证（如在欧洲共同体语言能力参考框架下的语言能力认证等）

各国的教师专业标准均对教师评价能力给予了不同程度的关注，其具体内容也各不相同，但都反映了一个问题，即教师评价能力是教师专业能力不可少的一个部分，是各级教师教育必须关照的话题。此外，我国的《教师教育课程标准》对小学职前教师教育课程目标与课程设置做出了纲领性的规定。如在“课程目标”的“教育知识与能力”部分，要求教师了解课堂评价的理论与技术，学会通过评价改进教学与促进学生学习；在“课程设置”的“小学教育基础”中，建议开设“课程设计与评价”；等等。这些都说明，我国已开始以专业化和系统性的视角关注教师评价能力。

（二）教师专业标准视域下教师评价能力的维度分析

从上述6个国家教师专业标准的视角出发，对教师评价能力进行细致梳理后发现，上述6个国家对教师应具备的评价学生的能力的关注程度各有不同，且关照点存在些许差别，但大体关注了评价目标的确定（5次）、评价方案的制定（2次）、评价方法的选择（9次）、评价工具的使用（2次）、指导学生准备评价（2次）、评价信息的反馈（6次）、引导学生自我评价（5次）、评价结果的利用（8次）、遵循评价伦理（2次）和寻求外部支持（2次）。尤为重要的是，上述6个国家的教师专业标准都提出了教师对学生进行评价以改进教与学（10次）的功能和作用。（表2-10）

表2-10　6个国家教师专业标准中关于评价的内容统计

国家（阶段）			相关内容										
			确定评价目标	设计评价方案	选择评价方法	使用评价工具	指导学生准备评价	引导学生自我评价	处理评价信息	利用评价结果	遵循评价伦理	寻求外部支持	改进教与学
中国	大陆	幼儿园	√		√					√			√
		小　学	√		√			√					√
		中　学			√	√		√					√
	香　港		√				√	√		√	√		
	台　湾		√	√		√	√	√		√	√		
英　国			√		√				√	√			√
新西兰			√						√			√	

续表

国家（阶段）		相关内容										
		确定评价目标	设计评价方案	选择评价方法	使用评价工具	指导学生准备评价	引导学生自我评价	处理评价信息	利用评价结果	遵循评价伦理	寻求外部支持	改进教与学
澳大利亚			√				√	√	√		√	
法　国		√	√	√		√	√	√	√			√
美　国		√		√		√	√	√	√	√		√
频　次		5	2	9	2	2	5	6	8	2	2	10

对教师评价能力进行定量研究需要从研究方法上进一步合理化和科学化，将各要素转化成科学的研究维度，并明确每一维度的具体含义。鉴于不同教育评价时期学生评价所应发挥的功能和作用存在差异，本部分未包含“改进教与学”这一维度，实际上这也与教师进一步做出教学决策和评价决策息息相关。

1. 确定评价目标

教师对学生进行评估的主要目的为是“稳定课堂秩序、计划教学和实施教学、安排学生的分组、提供反馈和激励、诊断学生问题、评判学生学业状况等”①。在教学的不同阶段，教师对学生进行具体评价的目的不尽相同，因此，明晰评价的根本目的是教师确定评价目标的重要前提。学生评价目标与学业目标息息相关。一般来讲，评价目标分为总目标和具体目标，在对评价目标进行表述时，应力求清晰、明确。在确定评价目标的过程中又要明确各类目标（结果性目标、过程性目标）的差异所在。当然，评价目标的设定一定要有先后顺序，毕竟有些时候并不是所有目标都一定会高质量、高水平达成，有些目标甚至不会实现，评价目标要有层次和水平的区分。

就当前的学生评价而言，评价目标的确立要满足学生身心发展的需要，符合课程标准的要求。也就是说，教师的教、学生的学、评价这三者是相互融合的，并且评价是蕴含在教与学过程中的，清晰合理的目标是“教—学—评”

① 〔美〕彼得·W. 艾瑞逊. 课堂评估——一种简明的方法［M］. 夏玉芳，译. 长沙：湖南教育出版社，2008：4.

的前提。① 评价目标决定了评价方案的设计与评价方法的选择。

2. 设计评价方案

“评价方案是依据一定的评价目的，根据教育活动和评价活动的一般规律，对评价的内容、范围、方法手段和程序等方面加以规范的文件。”② 教育评价方案就是教育评价工作的计划，它是评价工作展开以前预先拟定的具体内容和步骤，是评价工作的纲领性文件，通常应包含评价目的，评价对象，评价标准，组织实施，评价方法，实施期限，评价报告完成的时间，评价报告的接受单位、部门或个人，预算等内容。评价方案作为统领性文本，在设计之初就对评价过程中的各事项有了初步的计划和打算，期待评价工作按照特定程序展开。教师对学生的评价，有时碍于评价形式、评价时机的特殊性而未制定甚至不需要评价方案，如教师在课堂教学中对学生进行的即时性评价、口头评价等。

3. 选择评价方法与工具

评价方法即在评价过程中采用的方法，包括“采集评价信息的方法和分析、判断、综合处理评价信息的方法。评价就是凭借着这些方法才得以顺利进行。评价的可行性、有效性、准确性和所选择的方法有密切关系”③。评价工具是指在“评价活动中收集信息资料、反馈数据的具体手段。通常根据评价的目的、对象和阶段，选用相应的工具。在教学设计过程中使用较多的有测验、征答表（调查问卷）和观察表，可分别使用也可结合使用”④。虽然工具和方法在概念上是有很大差别的，但在具体的教育评价活动中，研究者并不会将评价工具与评价方法做细致化区分，而是常常放在一起来谈，主要关注点都在采用何种手段和方式来搜集评价信息上。

在我国，常用的评价方法有“标准化成绩测验（考试）、行为观察、情境测验、学习日记、成长记录袋、轶事记录报告、自我评价、口头陈述、相互介绍、同伴评价、问题解决、家庭作业、问卷调查等”⑤，此外，还应包括教师

---

① 崔允漷，夏雪梅．“教-学-评一致性”：意义与含义［J］．中小学管理，2013（01）．

② 单志艳．如何进行教育评价［M］．北京：华语教学出版社，2007：30．

③ 张明祥．教育评价的理论与实践［M］．2版．福州：福建教育出版社，2005：56．

④ 顾明远．教育大辞典：下［Z］．增订合编本．上海：上海教育出版社，1998：1188．

⑤ 肖远军．教育评价原理及应用［M］．杭州：浙江大学出版社，2004：80．

自编测验、人物推定法、投射法等[①]。本研究无意对所有方法及使用程序等做详细说明和介绍，只是通过教师日常教学中常用的方法来刻画教师评价能力。本研究中的评价方法主要分为家庭作业、测试、观察法、问卷调查法、学生自我评价等类型。这里的测试可以是教师自编测试，也可以是标准化成绩测试；可以采用纸笔测试，也可以采用口头测试。可以是正式观察，也可以是非正式观察。

4. 指导学生准备评价

在教育评价活动中，多数情况下会忽略指导学生准备评价。指导学生准备评价是指在评价活动开始之前，要告知学生此次评价的目的与目标。一方面，学生对评价活动和形式的正确认识能够提高其对评价活动的参与程度；另一方面，教师适度、必要的提示与提醒能够为学生提供相对轻松的心理氛围，避免在参与评价的过程中因紧张等情绪产生心理焦虑或评价效率低下等问题。如在对学生进行测验时，务必使学生意识到测验的重要性，意识到测验是针对课程而设计的。[②] 学生参与测验是为了检测阶段性学习的成果，而非划分等级。通过测验，学生能了解自己的学业状况，改善自身的薄弱点，促进自己在日后的测验中有更出色的表现。

5. 引导学生自评及同伴间互评

“学生自我评价则是指学生在学习过程中根据评价目标和标准对自身学习和发展中的各个方面所做的价值判断。”[③] 学生因其生理、心理、自我认知等因素的影响，很难主动或正确地进行自我评价。教师在对学生进行评价的过程中，不能忽视学生这一重要主体的自我评价。在评价过程中，教师应引导学生主动进行自我评价，通过自我评价激发自身的内在学习动力，养成良好的行为习惯，从而优化学生评价的主体结构，使学生成为自我评价者。

6. 处理评价信息

“所谓评价信息处理，就是用科学的方法，对搜集得到的评价信息进行整理、分类、统计和分析，理出头绪，理清思路，使评价信息能系统而完整地反

---

① 单志艳．如何进行教育评价［M］．北京：华语教学出版社，2007：42-75.

② 〔美〕吉尔伯特·萨克斯，詹姆斯·W. 牛顿．教育和心理的测量与评价原理［M］．王昌海，等译．4 版．南京：江苏教育出版社，2002：600.

③ 王文静．学生自我评价的流程分析［J］．中国教育学刊，2005（03）.

映评价对象的基本特征，进而得出有充分说服力的评价结论，并提出建议。”① 评价信息一般包括定性信息和定量信息。当然，处理方法也包括定性方法和定量方法两种。教师通过不同的评价方法收集评价信息，根据评价目的和目标采用不同的信息处理方法。对评价信息的处理，是统计学意义上的结果分析，最后还需根据评价方法等做出相应的价值判断。

7. 利用评价结果

无论学生评价结果如何，总要有人来对结果做出解释、说明、检测、反馈、记录，教师是对学生评价结果做出解释和说明的最佳人选。只有在教学决策前尽可能多地收集到学生评价信息，才能保证决策的科学和有效。评价结果既指外部大规模评价结果，也包括内部评价结果。利用评价结果是指根据评价信息对评价结果做出科学合理的解释，在此基础上检测评价结果，向相关群体汇报评价结果，并采用恰当方法记录评价结果等。利用评价结果是一个动态的过程，因不同评价目的、评价类型而存在差异。

8. 遵循评价伦理

评价伦理主要是指评价主体在评价过程中尊重评价对象，减少个人偏见，对评价对象的个人隐私保密等。在各类教育评价著作中，遵循评价伦理并未被列入评价的主要程序和过程，一般出现在评价原则中，但澳大利亚和美国的教师专业标准对教师的评价伦理做出了说明。

9. 寻求外部支持

“教育评价绝不仅仅是教师个人的主观‘印象’，它是一套系统的关于判断学生状况的评价方法。”② 学生的评价也不能单纯依靠教师个体独立完成，在这一过程中需要学生、教师团体、学校、家长等的支持。寻求外部支持主要是指在学生评价前、评价实施过程中及评价结束后，教师要寻求教育专家、评价专家、同事、家长、社区等的专业与非专业支持。

本研究通过对6个国家教师专业标准中关于教师评价能力的分析，在充分分析现有文献及相关研究的基础上，遴选出“确定评价目标”“设计评价方案”“选择评价方法”“做好评价准备”“使用评价工具”“引导学生自我评

---

① 吴钢．现代教育评价基础［M］．修订版．上海：学林出版社，2004：186.

② 〔美〕W. James Popham. 教师课堂教学评价指南［M］．王本陆，赵婧等，译．5版．重庆：重庆大学出版社，2010：7.

价”“利用评价结果”“遵循评价伦理”“寻求外部支持”等9个方面，并对其内涵进行了说明，由此初步获得教师评价能力的一级维度和二级指标。其中：一级维度用字母“A”表示，如“A1”表示第一个一级维度，“A2”表示第二个一级维度，依此类推；二级指标用字母“b”来表示，如“b1”表示第一个一级维度包含的第一个二级指标，“b1-1”表示第一个一级维度第一个二级指标中的第一个，“b1-2”表示第一个一级维度第一个二级指标中的第二个，依此类推。(表2-11)

表2-11　教师评价能力的9个一级维度及二级指标

一级维度		二级指标
A1	确定评价目标	b1_1 作为教学计划的组成部分　b1_2 合乎课程标准的要求　b1_3 关注学习者对教学的需要　b1_4 考虑学业评价标准的要求
A2	设计评价方案	b2_1 转化成具体的评价任务　b2_2 说明拟采用的评价方法　b2_3 阐明评价所需准备工作　b2_4 制定相应的评价标准
A3	选择评价方法	b3_1 了解各类评价方法的特点与限制　b3_2 合理平衡各类评价方法　b3_3 了解各类评价方法的使用程序　b3_4 科学地评分、评定等级
A4	做好评价准备	b4_1 帮助学生理解评价任务　b4_2 向学生阐明目标要求　b4_3 照顾特殊学习者的需要　b4_4 安排舒适的空间及测试环境
A5	使用评价工具	b5_1 了解评价领域最新测试　b5_2 掌握命题本领与技术　b5_3 使用非纸笔测试等评价工具
A6	引导学生自我评价	b6_1 引导学生评价自己的学习成果　b6_2 提供有针对性的描述性反馈　b6_3 引导学生调整学习策略和计划　b6_4 为学生提供自我展示机会
A7	利用评价结果	b7_1 运用科学方法统计数据　b7_2 科学解释数据　b7_3 一致的可比较的判断　b7_4 与同事合作/独立检测数据　b7_5 向学生监护人社会各界汇报评价结果　b7_6 坚持记录学生评价结果　b7_7 指导学生反思评价结果　b7_8 根据评价结果做出教学决策　b7_9 依据评价结果改进评价
A8	遵循评价伦理	b8_1 在评价中遵循伦理原则　b8_2 鉴别评价结果的合法性　b8_3 评价结果的保密
A9	寻求外部支持	b9_1 与身边同事合作对学生进行评价　b9_2 评价中寻求学校行政系统的支持　b9_3 在评价中寻求社区和教育系统的支持　b9_4 主动寻求外出培训的机会

二、教师评价能力的内容：基于专家咨询结果的分析

（一）专家咨询问卷编制

根据表 2-11 中关于教师评价能力的研究维度及其主要内涵，本研究编制了《教师评价能力研究维度划分专家咨询问卷》（附录 I ）。问卷共有三个部分：第一部分为“基本信息”，主要涉及教龄、职称和联系方式；第二部分主要采用李克特五级量表的形式，对 9 个维度的重要性及其内涵的合理性程度进行评判；第三部分是对遴选出的 9 个维度进行重要性程度排序。

（二）专家样本选择

本部分主要采用目的性抽样的方式，选取了 15 位高校专家（用字母“G”代替）和 15 位小学教师（用字母“Y”代替），共计 30 个专家样本。选择高校专家的标准主要有三：其一，所在单位为部属师范院校（6 所）或曾在部属师范院校（6 所）任教；其二，从事教育评价相关研究；其三，曾公开发表出版过与评价主题相关的研究论文或专著。选择一线教师时，主要根据教龄、职称及是否有过相关研究经历等因素进行选择。在保证专家群体占大多数的同时，还涵盖新手教师等处于教师专业不同发展阶段的教师。

本次专家咨询主要从 2017 年 6 月 1 日开始，到 2017 年 6 月 31 日截止，向 30 位专家发送咨询问卷，收到 27 份专家问卷回复，问卷回收率为 90%，其中有效问卷 25 份，问卷有效率大约为 92. 6%。由于目的性抽样的关系，25 位专家的教龄、职称数量分布也较为合理，以专家型教师为主，其他教龄段和职称的教师为辅。（表 2-12）

表 2-12　25 位专家基本情况统计表

专家	教龄（年）							职称				
	<1	1~3	4~6	7~10	10~15	16~20	>20	教授	副教授	小高	小一	小二
G(12)	0	0	0	1	2	2	7	8	4	—	—	—
Y(13)	0	1	1	1	1	3	6	0	3	4	4	2
总体（25）	0	1	1	2	3	5	13	8	7	4	4	2

（三）专家咨询结果分析

1. 两个专家群体间的差异分析

采用 SPSS21.0 对专家咨询数据进行处理，问卷的总体均值达到 4.1646，表明专家咨询问卷的合理性程度总体较高。但在对两个专家群体进行差异分析时发现，高校专家群体与小学教师群体间均值存在细微差别（表 2-13）。总体来看，高校评价专家群体对教师评价能力各维度重要性的均值相对较低，内涵合理性的均值也相对较低，总体均值依旧相对较低。要检验两个群体间是否存在显著差异，应进行独立样本 t 检验。两个群体独立样本 t 检验，结果显示，两个群体对各维度重要性及各维度内涵合理性的认识在统计学意义上并不存在显著差异，这里不再一一列出。

表 2-13　不同群体教师关于各维度重要性程度的描述性统计量

专家（人数）	问卷总体			维度重要性			内涵合理性		
	均值	标准误	标准差	均值	标准误	标准差	均值	标准误	标准差
Y（13 人）	4.2564	0.07487	0.26995	4.4701	0.10233	0.36894	4.2201	0.08113	0.29253
G（12 人）	3.9940	0.14446	0.38221	4.0000	0.14947	0.39545	3.9819	0.15694	0.41523
总体（25 人）	4.1646	0.07370	0.32960	4.3056	0.09702	0.43390	4.1367	0.07813	0.34939

2. 维度取舍

（1）9 个维度重要性程度排序题目的分析

对各维度重要性程度排序题目的统计采取赋值法（统计量见表 2-14），总计对 9 个维度进行重要性排序，按照先后顺序分别赋值 9~1。5 分为 9 个维度的均值，对处于 5 分以上的维度都采纳，5 分及 5 分以下的维度需要进一步分析。统计结果表明，A4、A8、A9 这 3 项的均分明显低于 5 分，可以考虑删除。剩余 6 个维度及每一维度具体内涵的取舍，需要结合专家咨询数据及访谈资料做细致分析。

表 2-14 9 个维度重要性程度排序题目统计量

维度	G1	G2	G3	G4	G5	G6	G7	Y1	Y2	Y3	Y4	Y5	Y6	Y7	Y8	Y9	Y10	Y11	Y12	Y13	SUM	AVE
A1	5	5	5	5	9	5	9	9	9	7	7	4	8	7	5	5	6	9	7	9	135	6. 75
A2	1	8	8	8	6	6	4	7	7	5	6	5	7	5	3	9	5	1	8	7	116	5. 8
A3	9	3	4	9	7	4	7	3	8	1	9	9	4	9	7	8	9	3	9	4	126	6. 3
A4	2	4	1	4	4	3	1	5	2	2	3	1	3	3	1	2	2	5	5	6	59	2. 95
A5	8	6	6	6	8	8	3	4	3	6	5	3	6	2	8	7	3	7	6	5	110	5. 5
A6	7	9	9	3	3	9	8	2	4	9	8	6	5	8	9	4	7	2	3	8	123	6. 15
A7	6	7	7	7	5	7	2	6	6	8	4	8	9	6	6	6	8	6	4	3	121	6. 05
A8	4	2	2	2	2	2	6	8	5	4	2	7	2	4	4	3	4	8	2	2	75	3. 75
A9	3	1	3	1	1	1	5	1	1	3	1	2	1	1	2	1	1	4	1	1	35	1. 75

（2）9 个维度重要性程度统计量的分析

在专家咨询问卷中，专门针对每一维度的重要性程度进行咨询（统计量见表 2-15）。从表中可以看出，9 个维度重要性程度的均值都在 3. 3 以上，特别地，“寻求外部支持”这一维度的均值最低，为 3. 6000。参照“9 个维度重要性程度排序题目统计量”表格中的相关数据，对照查询 A4、A8 和 A9 这三个维度的统计量，它们在 9 个维度中处于的后面位置，初步考虑将这三个维度删除。同时，综合重要性程度排序及各个维度重要性程度的数据分析，进一步考虑将“做好评价准备”“遵循评价伦理”“寻求外部支持”这三个维度删除。

表 2-15 9 个维度重要性程度统计量

统计量		维 度								
		A1	A2	A3	A4	A5	A6	A7	A8	A9
均值	统计量	4.7000	4.5000	4.6000	4.0500	4.2000	4.5500	4.4000	4.1500	3.6000
	标准误	0.10513	0.13572	0.11239	0.18460	0.18638	0.15347	0.15218	0.15000	0.15218
标准差	统计量	0.47016	0.60698	0.50262	0.82558	0.83351	0.68633	0.68056	0.67082	0.68056

有效的 N（列表状态）25

（3）基于专家访谈结果的分析

针对教师评价能力各维度及其主要内涵的合理性程度，通过问卷咨询中的开放问题、邮件咨询、当面咨询等方式，共计访谈了 15 位教授。针对 9 个维度及其取舍，专家们的观点与前面重要性程度排序题目的统计结果相吻合。S 师范大学 D 教授认为："任何一项工作都需要做准备工作，'做好评价准备'不属于评价能力，而仅属于与评价活动的开展有关的一种综合能力。"在访谈中，有 6 位专家谈到要将"做好评价准备"这一维度删除，或将部分内容融入其他维度。有 4 位专家指出："'寻求外部支持'有时候是被动的，不需要通过主动工作就有外出学习的机会，甚至有些时候不能获得真正意义上的支持，这一点应算作是影响因素或者是评价能力的发展途径。"有 5 位专家指出："虽然'遵循评价伦理'非常重要，但是不属于评价能力的范畴。这一点在中国很容易被忽视，建议在合适的地方进一步阐述评价伦理这一维度。"结合专家咨询及问卷分析，最终确认将 A4、A8、A9 这三个维度删除。

访谈中，4 位专家不约而同地谈到："评价工具的使用有时是与评价方法结合在一起的，不能过分强调二者之间的边界"；"不能完全割裂开工具与方法"；"你要研究的是评价能力的水平和现实状况，所以对于评价工具和评价方法要综合起来考量"。因此，需要将 A3、A5 这两个维度合并，后面会探讨二级指标的取舍情况。

4. 6 个维度内涵的合理性分析

（1）6 个维度内涵的合理性统计量

参照各维度内涵合理性统计量中的相关数据，各个维度均值都大于 4 分，说明问卷对各个维度内涵的阐释相对合理（表 2-16）。但这并不代表要将所有维度均予以保留，作为二级指标，对"做好评价准备""遵循评价伦理""寻求外部支持"这 3 个维度不再探讨，至于每个维度中保留的子项目需要结合具体指标及专家访谈结果进行分析。

表 2-16　各维度内涵合理性统计量总表

项目		维度统计量								
		b1	b2	b3	b4	b5	b6	b7	b8	b9
均　值	统计量	4.1125	4.0875	4.0375	4.0500	4.0167	4.4500	4.1056	4.2833	4.0875
	标准误	0.11539	0.11931	0.09979	0.12112	0.11206	0.10195	0.08080	0.10617	0.13726
标准差	统计量	0.51603	0.53358	0.44629	0.54168	0.50117	0.45595	0.36135	0.47480	0.61385

有效的 N（列表状态）25

（2）二级指标合理性分析

问卷中各维度主要内涵的厘定已参照了相关文献，但为保证研究的科学性和严谨性，本部分主要结合专家问卷咨询统计量及访谈结果，针对教师评价能力研究剩余的6个一级维度内涵的合理性进行分析，以对每一维度下二级指标的合理性进行更深入的把握。(表2-17)

在b1的4个二级指标中，“b1_1”的均值相对较低。H师范大学副教授Q在接受访谈时表示：“应将评价目标与教学目标紧密相联。”B师范大学Z教授强调：“要关注教师将目标具体化的能力，确保评价目标的操作性。”有25年教龄的特级教师Y认为：“应强调教师在设立评价目标时考虑学习者差异的能力。”同时，还有3位专家谈到教师要与学生针对评价的重要性和意义进行沟通，让学生了解评价的目的和目标，只有这样，才能使学生在评价过程中获得更好的学业表现。因此，将“b1_1”调整为“与教学目标相一致”，同时增加“向学生说明评价的重要性”这一二级指标。

表2-17　9个维度内涵合理性统计量分表

内容		统计量				
		极小值统计量	极大值统计量	均值		标准差统计量
				统计量	标准误	
b1_1	作为教学计划的组成部分	2.00	5.00	3.9000	0.17622	0.78807
b2_2	说明拟采用的评价方法	2.00	5.00	3.9500	0.16975	0.75915
b2_3	阐明评价所需准备工作	3.00	5.00	3.9500	0.16975	0.75915
b3_2	了解各类评价方法的使用程序	2.00	5.00	3.9000	0.14327	0.64072
b4_4	安排舒适的空间及测试环境	3.00	5.00	3.8500	0.13129	0.58714
b5_1	了解评价领域最新测试	3.00	5.00	3.9000	0.14327	0.64072
b7_3	做出一致的可比较的判断	3.00	5.00	3.9500	0.11413	0.51042
b7_4	与同事合作/独立检测数据	2.00	5.00	3.6500	0.15000	0.67082
b7_5	向学生、监护人、社会各界汇报评价结果	2.00	5.00	3.7000	0.19331	0.86450

有效的N（列表状态）25

在b2这一维度的内涵合理性中，b2_2“说明拟采用的评价方法”这一二级指标的均值相对较低，考虑删除。S师范大学D教授认为“要将‘说明拟采用的评价方法’放在后面评价方法这一维度”。X 大学副教授 L 老师指出，在考察教师设计评价方案能力时，应将“操作流程和具体方式”纳入其中。针对是否将“操作流程和具体方式”这一指标纳入其中，又对 N 师范大学 L 教授进行网络咨询，L 教授指出：“教师在设定评价方案时，一定要想好后续评价的整个流程和具体实现方式，但至于最后实现的效果怎样，就是另外需要考虑的问题了。”b2_3“阐明评价所需准备工作”均值相对较低，且已经删除 A4，故不必呈现。A2 中删除“b2_2”“b2_3”这两个指标，增加“操作流程和具体方式”这一指标。至此，A3 剩余评价任务、评价标准、操作流程和方式等 3 个二级指标。

访谈结果显示，A3、A5 这两个维度可合并，但仍要对这两个维度中的二级指标进行再次确认。b3_2“了解各类评价方法的使用程序”这一指标与 b5_1“了解评价领域最新测试”这一指标的均值都相对较低。B 师范大学 Z 教授指出：“这两个维度更侧重于评价知识与评价常识，但可以将之修正调整成为‘依据评价程序开展评价活动’和‘尝试新兴的评价方法’。”B 师范大学 Z 教授指出：“教师要掌握新兴评价方法（如 portfolio、performance assessment 等），并能在不同时机下恰当运用。”值得一提的是，N 师范大学 L 教授在一次学术会议结束后接受访谈时强调：“要关注教师数理工具的使用，更进一步说使用工具很简单，关键是教师是否具备开发各类测量工具的能力。”另外，有专家谈到，“对学生作出描述性反馈”和“为学生提供展示机会”更多是运用到课堂评价中，因此，可将之划归到评价方法中。b6 这一维度的 4 个二级指标，其均值相对较高，其合理性可信。在访谈中，有 3 位专家不同程度地谈到了让学生能够基于评价进行自我反思，要促进学生自我评价的常态化，同时要建立相应的学生自评与同伴互评机制。因此，增加“引导学生评价自己的学习”“帮助学生自我反思”这两个二级指标。

b7 关于评价结果的利用，“b7_3”“b7_4”“b7_5”这三个二级指标平均分相对较低，考虑删除。在专家访谈时，专家谈到在教师问卷中一定要以“接地气”的方式合理呈现。其中“b7_7”与前面 A6 维度中新增的“帮助学生自我反思”合并。至此，教师评价能力研究的一级维度和二级指标正式确立（表 2-18）。

表 2-18 教师评价能力的一级维度和二级指标

一级维度	二级指标
1. 确定评价目标的能力	① 与教学目标一致；② 合乎课程标准；③ 关注学习者的特殊需要；④ 参照学业评价标准；⑤ 评价的重要性。
2. 设计评价方案的能力	① 是否使用评价方案；② 目标要求是否清晰；③ 评价标准；④ 操作流程和方式。
3. 运用评价方法与工具的能力	① 特点与限制因素；② 使用频率与程序；③ 描述性反馈；④ 自我展示；⑤ 新兴评价方法；⑥ 独立命题；⑦ 评分、评定等级；⑧ 非纸笔测试等方法；⑨ 开发新的测量工具。
4. 引导学生自评及同伴互评的能力	① 评价自己的学习；② 调整学习策略和计划；③ 同伴评价；④ 学生自我反思；⑤ 评价机制。
5. 处理和运用评价结果的能力	① 统计；② 解释（质性、量化）；③ 判断；④ 检测；⑤ 汇报与交流；⑥ 记录；⑦ 改进（教学、评价）。

三、教师评价能力的内容：基于评价形式的分析

（一）形成性评价与总结性评价

形成性评价和总结性评价这两个概念是由斯克里文（Scriven）在其 1967 年所著的《评价方法论》中首先提出来的。斯克里文认为，“教师对学生进行评价的基本原因有两点：监测学生的学习并对教学做必要的调整，既针对学生个体也针对整个班级；给接受了某个阶段教学的学生评分。前一种形式的评估被称为形成性的，是因为它的主要功能是帮助学生“形成”学习，这个时候对学生来说还有时间和机会去改善自己的学习。后一种形式的评估称为总结性的，是因为它的主要功能是在某个阶段结束后，对学生的学习“做总结”①。本研究中对形成性学生评价和总结性学生评价的介绍，其目的不在于找出二者的区别，而在于探讨教师在实际教学中是如何综合运用两种方法评价学生的，其能力表现如何。

1. 形成性评价

（1）内涵

① 〔美〕L. W. 安德森，D. R. 克拉斯沃尔，P. W. 艾雷辛，等．学习、教学和评估的分类学——布卢姆教育目标分类学修订版［M］．皮连生，主译．简缩本．上海：华东师范大学出版社，2008：204.

关于形成性评价的内涵，有多种界定。王汉澜认为，形成性评价是在教育活动进行中的评价，其目的在于了解被评者在活动中形成或获得了哪些品质、知识和技能，还存在什么问题，及时得到反馈信息，以便改进工作；或者是为了协助一种方案的制订。陈玉琨认为："形成性评价（formative evaluation）是通过诊断教育方案或计划、教育过程与活动中存在的问题，为正在进行的教育活动提供反馈信息，以提高实践中正在进行的教育活动质量的评价。"① 赵德成则认为："形成性评价又称过程性评价，是在教学过程中即时、动态、多次对学生实施的评价，它注重及时反馈，用以强化和改进学生的学习。"② 在现代教育评价体系中，"形成性评价"也被称为"发展性评价或过程性评价"。

形成性评价主要是指教学过程中教师对学生的学习进行动态把握与评价的过程。玛格丽特·赫里蒂奇（Margaret Heritage）认为形成性评价有 4 个核心要素：确定"差距"、反馈、学生参与、学习进度。③ 她的同事埃伦·奥斯芒森（Ellen Osmundson）认为："形成性评价是一个动态的、互动的过程，包括：——教师和学生分享并理解学习目标和成功标准；——通过教师评价、自我评价和同伴互评，对学习情况进行持续性监控；——教学反馈与及时调整，以满足学习者的需求。"④ 玛格丽特·赫里蒂奇详细介绍了形成性评价的工作模型，包括学习进程、学习目标、成功标准、获取学习证据、解释证据、诊断差距、给予反馈、教学调整、搭建支架、缩小差距等 10 个环节。

就当前教师教学实践而言，教师在课堂教学中对学生的形成性评价也离不开上述 10 个主要环节，只不过多数情况下教师对学生的形成性评价是生成性、随机性和非正式性的，并不会一一列出各个环节，但至少教师对学生的学习进程、学习目标和成功标准是清晰的，这样才会在教学中有意识地采集相关学生的学习证据并迅速做出解释和诊断，分析问题的原因，给予学生恰当的反馈并迅速做出教学调整，以达到缩小学生间差距或实现学生学习进步的目标。

（2）目的

① 陈玉琨. 教育评价学［M］. 北京：人民教育出版社，1999：12.

② 赵德成. 教学中的形成性评价：是什么及如何推进［J］. 教育科学研究，2013（03）.

③ Marga rte Heritage. *Formative Assessment*：*What Do Teachers Need to Know and Do*？［J］.*Phi Delta Kappan*, 2007, 89(2).

④ 〔美〕Ellen Osmundson. 理解课堂中的形成性评价［J］. 何珊云，王小平，译. 全球教育展望，2012，41（04）.

课堂教学中的形成性评价主要解决三个问题：学生现有知识、技能占有情况如何；根据课堂教学中学生的表现，判断学生在多大程度上达成了教学目标；根据学生的学习兴趣、学习习惯、学习特征、心理特点等，判断采用何种教学方法是合适的。教师对学生进行形成性评价的主要目的在于了解学生的学习需要、学习目标达成情况及改进策略，通过与学生的不断互动和沟通，及时获得反馈信息，并适度调节、控制自己的教学行为，使教学过程在师生双方的共同作用下更接近目标。总之，形成性评价的主要目的是强化学生学习，提升教学的有效性，以改进课堂教学质量，促进教师专业发展。

（3）注意事项

教师对学生的形成性评价通常不太正式，它所依据的信息来源有许多种（如课堂提问、对学生的观察、家庭作业及小测验等），即教师一开始在对学生进行了解的时候并不是通过正式的测试和观察获取信息的，如果教师对学生不是很了解，有可能获取到的信息是片面的。教师可以通过与学生谈话等来了解学生的基本情况。当然，这也受制于教师的思维方式和谈话技巧、学生的应答，以及二者间沟通和交流的机制与氛围。

教师在教学过程中对学生进行的评价语言和行为有些是显性的，有些则是隐性的。课堂教学通过隐性的、非正式的评价活动搜集相关信息。在教学中被用到的最多方式就是提问。通过提问教师可以将学生的焦点和注意力集中在课堂上（尤其是低年级学生）；通过观点的自我表达和群体交流，学生可以加深对问题的认识和理解，巩固所学内容，促进自身思维发展的深度与广度；教师可以通过恰当的提问来保证课堂教学按进度顺利进行。当然，保证提问的有效性至关重要。

在形成性评价中，教师要注意引导学生进行自评和同伴互评。教师应提供明确的学习目标和相应的成就标准，并使学生明晰，以利于教学目标的达成。学生自评和学生间互评是课堂教学中形成性评价不可忽略的方式。

在课堂教学中，形成性评价一方面转化为教师的教学行为调整，另一方面又通过教师的语言传递给学生，从而实现师生间的良性互动。故而，教师的评语应能引起学生的思考，避免评价偏见和过于负面的评价。

2. 总结性评价

教师除了在课堂上通过非正式评价手段来获得关于教学及学生学习情况的信息外，更应借助正式的、有目的的、科学的评价活动来获得所需信息。

（1）内涵

“所谓总结性评价，是指在活动后为判断其效果而进行的评价。它一般是在学期或学年结束时进行。但就某项活动而言，对其进行评价的时间应视活动结束的时间而定。”① 也有人将其称为“事后评价”。这里的总结性评价主要是指总结性学生评价。总结性学生评价主要是指教师在教学活动阶段性结束后对学生的学习效果做出评价。这些评价可以通过每节课、每章节、每单元、每学期、每学年的测试，家庭作业，各阶段的复习和练习，各类阶段性测试等来完成。随着教育评价相关概念和手段的发展，这类测试既可以是纸笔测试，也可以是口头测试等。

（2）目的

总结性学生评价有两层目的：第一层是评分和鉴定。这也是传统意义上总结性评价的主要目的。通过总结性评价，教师可以对学生的学习效果（学习结果）进行评分或确定等级。第二层是确认目标达成度，更进一步说，就是分析教学计划、教学目标、师生行为与学生学习结果（教学结果）间的关系。总结性评价通常较为正式，它所依据的是一些更为集中的信息来源，如测试、设计项目、学期论文等。总结性评价要依靠正式的手段，这与一些教师觉察到的某些需求相一致，因为只有这样，他们才能够说明其给学生的分数是合理的。②

（3）注意事项

教师在对学生进行总结性评价时，首先要掌握相关教育评价理论知识，保证对评价数据做出科学、合理的统计学意义上的解释。其次，教师应注意到评分和分等并非总结性评价的最终目的，评分工作的结束并不意味着总结性评价工作的结束。虽然总性评价只是对学生学习结果的呈现，但是教师要试图解释数据背后的具体意蕴，探寻学生学习结果的原因，从质化的视角对量化统计数据予以分析。

（二）形成性评价能力与总结性评价能力

形成性评价能力主要是指课堂教学中教师对学生知识掌握和能力发展进行动态把握与评价的能力。研究中对教师形成性评价能力的考察主要聚焦在课堂

---

① 单志艳．如何进行教育评价［M］．北京：华语教学出版社，2007：10.

② ［美］L. W. 安德森，D. R. 克拉斯沃尔，P. W. 艾雷辛等．学习、教学和评估的分类学——布卢姆教育目标分类学修订版［M］．皮连生，主译．简缩本．上海：华东师范大学出版社，2008：204.

教学中教师对学生做出的即时性评价。

总结性评价能力主要是指教师在教学活动阶段性结束后对学生的学习效果做出评价的能力。本研究对教师总结性评价能力的考察，是通过分析学生同步练习、试卷中教师的能力表现来实现的。

四、教师评价能力的理论表征

通过对6个国家教师专业标准的梳理，基于30位专家的咨询结果及理论分析，本研究认为，应将教师评价能力放在三维视域中进行研究。就评价活动程序而言，教师评价能力是指教师在对学生进行价值判断的过程中恰当地确定评价目标、设计评价方案、选择评价方法、引导学生自我评价、解释和使用评价结果，并在此基础上做出价值判断，以促进教学改进的能力。从评价形式角度看，教师评价能力包括对学生学习过程进行评价的形成性评价能力和对学生学习结果进行评价的总结性评价能力。特别地，要在延伸维度关注学生评价过程中教师应遵循的评价伦理，虽然评价伦理并不属于评价能力，但它是教师发展评价能力的基本前提。(图2-1)

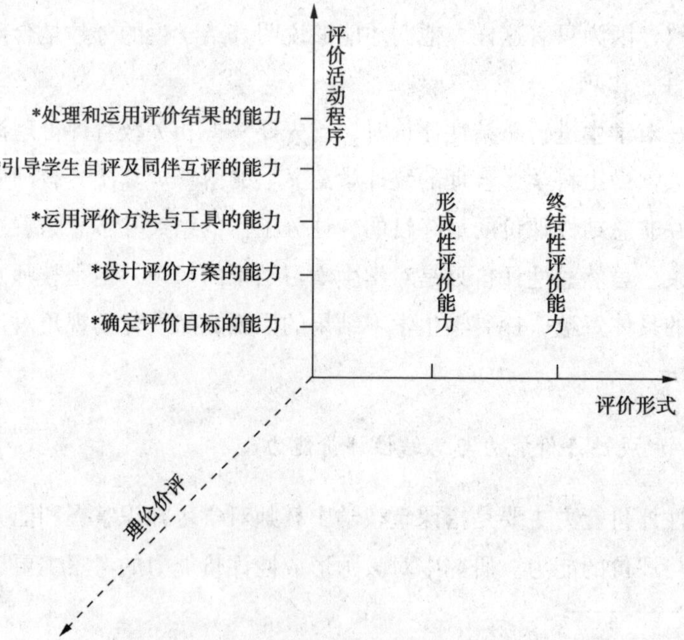

图2-1　教师评价能力构成图示

第三章　小学数学教师评价能力现状

如何在实际教学和评价中加强对教师评价能力的关注与刻画，是教师专业发展、学生评价乃至教师评价中不可忽视的重要问题。教师专业标准层面对教师评价能力的规定和阐述，从外部评价的视角对教师的评价能力和行为做出了规范和制约，但在教学实践场域小学数学教师评价能力状况如何？针对此问题，本章经对J省范围内小学数学教师进行调查，对小学数学教师评价能力的现状有了宏观理解和整体感知。

一、问卷编制

（一）问卷初步编制

根据前期专家咨询结果，本研究从确定评价目标的能力、设计评价方案的能力、运用评价方法与工具的能力、引导学生自评及同伴互评的能力、处理和运用评价结果的能力等5个维度30个基本要点出发，编制了《小学数学教师评价能力调查问卷（初稿）》（附录Ⅱ），问卷主要有三个部分。第一部分为教师个人的基本信息。第二部分是根据问卷主要维度和二级指标编制的50道单项选择题，采用李克特五级计分法，其中“非常不符合”计1分，“不符合”计2分，“有点符合”计3分，“基本符合”计4分，“完全符合”计5分。第三部分根据专家咨询及访谈中的部分建议，增加了单项选择题，以此来考察教师的评价理念、评价知识、评价伦理，以及是否参与过相关培训等影响教师评价能力的实践因素。

（二）问卷试测

问卷初稿确立后，2017年7月1—15日，发放试测问卷100份，回收96份，试测教师学校所在地涵盖吉林、辽宁、黑龙江、北京、天津、浙江、广东、山东、安徽、四川等省市。通过反向计分、试误题筛选，剔除无效问卷6份，剩余有效试测问卷90份，试测问卷有效率大约为93.8%。

1. 问卷各维度内部一致性及相关统计量

总体来看，问卷5个维度及问卷总体的内部一致性较高，Cronbach's α 均在0.714以上，说明各维度及总体内部一致性较高。（表3-1）

表3-1 问卷各维度及总体统计量汇总表

	Cronbach's Alpha	基于标准化项的 Cronbachs Alpha	均值	方差	项数
A1	0.714	0.791	3.915	0.184	10
A2	0.822	0.833	3.765	0.083	6
A3	0.834	0.844	3.767	0.055	13
A4	0.909	0.910	3.756	0.017	7
A5	0.888	0.891	3.731	0.076	14
总体	0.942	0.948	3.785	0.083	50

有效的N（列表状态）90

2. 试测教师群体高分组与低分组独立样本检验

将各题项加总求和按照升序、降序分别排列，求得临界分数分别为183（27%）和194（27%）。按照临界分数进行分组，检验两个极端分数组（高分组和低分组）的差异情况。对高分组和低分组两个组别的各统计量进行计算，同时对两组进行独立样本 t 检验（详细数据见表3-2）。“方差方程的Levene检验”用于检验两组方差是否同质。以a5为例，经Levene法 F 值检验结果，$F=3.053$，$p_{a5}=0.099>0.05$，未达到0.05的显著水平，应接受虚无假设 H_0，表示两组方差相等，此时 t 检验数据要看第一栏“假设方差相等”中的数值，t 值统计量为1.770，显著性概率值 $p=0.095>0.05$，未达到0.05显著水平，说明此题项的临界比未达到显著水平。同样未达到显著水平的还有a8、a10、a11、a12、a17、a18、a22、a36、a42。如果仅依照独立样本 t 检验结果，应考虑将此10项删除。但还需根据各题目与题项总分间的相关性进行最终决断。

表 3-2　试测教师群体高分组与低分组的独立样本检验

		方差方程的 Levene 检验		均值方程的 t 检验						
		F	$Sig.$	t	df	$Sig.$（双侧）	均值差值	标准误差值	差分的 95% 下限	置信区间上限
a5	假设方差相等	3.053	0.099	1.770	17	0.095	0.62222	0.35161	−0.11961	1.36406
	假设方差不相等			1.835	12.873	0.090	0.62222	0.33903	−0.11093	1.35538
a8	假设方差相等	1.333	0.264	1.102	17	0.286	0.58889	0.53431	−0.53840	1.71618
	假设方差不相等			1.113	16.939	0.281	0.58889	0.52927	−0.52807	1.70585
a10	假设方差相等	6.048	0.025	−0.021	17	0.983	−0.01111	0.52017	−1.10858	1.08636
	假设方差不相等			−0.022	12.264	0.983	−0.01111	0.50012	−1.09819	1.07597
a11	假设方差相等	0.166	0.689	0.623	17	0.541	0.28889	0.46336	−0.68871	1.26648
	假设方差不相等			0.629	16.979	0.538	0.28889	0.45960	−0.68088	1.25866
a12	假设方差相等	0.085	0.774	1.831	17	0.085	0.54444	0.29740	−0.08301	1.17190
	假设方差不相等			1.864	16.229	0.081	0.54444	0.29208	−0.07402	1.16291
a17	假设方差相等	2.561	0.128	1.803	17	0.089	0.47778	0.26501	−0.08135	1.03691
	假设方差不相等			1.844	15.611	0.084	0.47778	0.25915	−0.07272	1.02827

续表

		方差方程的 Levene 检验		均值方程的 t 检验						
		F	$Sig.$	t	df	$Sig.$（双侧）	均值差值	标准误差值	差分的 95% 下限	置信区间上限
a18	假设方差相等	0.422	0.525	1.892	17	0.076	0.66667	0.35240	−0.07682	1.41016
	假设方差不相等			1.952	13.969	0.071	0.66667	0.34157	−0.06607	1.39940
a22	假设方差相等	11.428	0.004	2.067	17	0.054	0.88889	0.42999	−0.01832	1.79610
	假设方差不相等			2.169	10.411	0.054	0.88889	0.40976	−0.01924	1.79702
a36	假设方差相等	0.374	0.549	1.739	17	0.100	0.55556	0.31954	−0.11862	1.22973
	假设方差不相等			1.779	15.520	0.095	0.55556	0.31230	−0.10816	1.21927
a42	假设方差相等	2.790	0.113	1.763	17	0.096	0.58889	0.33411	−0.11601	1.29379
	假设方差不相等			1.793	16.360	0.092	0.58889	0.32848	−0.10622	1.28400

3. 试测问卷各题目与题项总分间相关性分析

要对50道题目进行取舍，还应参考各题目与题项总分间相关性分析的结果。（此处只摘录相关性小于0.40的各项数据）。将相关性统计表进行梳理后发现，第五题（a5）与各题项总分的相关系数为0.380，$p=0.027<0.05$，虽然达到显著水平，但是两者的相关性系数很低，两者为低度相关（相关性系数绝对值小于0.400），考虑删除a5。同理，a8、a10、a11、a17、a18、a20、a42均应考虑删除（表3-3）。

表3-3 试测问卷各题目与题项总分间相关性小于0.40的统计表

		a5	a8	a10	a11	a17	a18	a20	a42
总分	Pearson 相关性	0.380*	0.239	0.029	0.245	0.395*	0.398*	0.376*	0.353*
	显著性（双侧）	0.027	0.174	0.872	0.163	0.021	0.020	0.028	0.041
	N	90	90	90	90	90	90	90	90

4. 确定需删除的题目

综合高分组与低分组独立样本t检验及各题目与题项总分间相关性分析结果，确定必须删除a5、a8、a10、a11、a17、a18、a42等7道题目。针对a12、a20、a22、a36这4道题目还需再衡量。其中第十二题的相关性为0.411>0.40，相关性相对居中，考虑保留，但要调整题目表述方式。第二十题（a20），$p=0.028<0.05$，虽然与题项总分间的相关性达到显著水平，但其相关性系数为0.376<0.40。第二十二题（a22）为试误题，第三十六题（a36）为反向计分题，不予删除。综合来看，需删除a5、a8、a10、a11、a17、a18、a20、a42这8道题目。此外，问卷内部一致性信度分析显示，需删除的8道题目与问卷中的其他题目呈现低度相关（小于0.40）（表3-4）。第二列“项已删除的刻度均值”为删除该题后量表的平均数；第三列“项已删除的刻度方差”为删除该题后量表的方差；第四列“校正的项总计相关性”表示的是该题项与其他各题项总和（不包括该题项）间的相关系数，如果校正项与总分的相关系数较低，则表明该题项与其余题项的关联性不高，即该题项与其余题项的同质性不高。第五列“项已删除的Cronbach's α值”表示删除该题后，量表内部一致性系数改变值的大小。总体来看，删除这8项题目后，量表内部一致性系数较高，再次印证需将此8项删除。

表 3-4　删除项统计量

题目	项已删除的刻度均值	项已删除的刻度方差	校正的项总计相关性	项已删除的 Cronbach's α 值
a5	185. 1176	303. 380	0. 346	0. 941
a8	185. 9706	303. 363	0. 172	0. 945
a10	186. 2353	312. 185	-0. 032	0. 946
a11	185. 9706	305. 908	0. 202	0. 942
a17	185. 6471	304. 660	0. 368	0. 941
a18	185. 5294	302. 014	0. 361	0. 941
a20	185. 7647	303. 761	0. 343	0. 941
a42	185. 8824	302. 652	0. 312	0. 942

（三）正式问卷确立

1. 问卷基本结构

总体来看，结合两个极端组间差异分析、各题目与题项总分间相关性分析及内部一致性检验等统计量，问卷各维度及总体内部一致性程度较高，且需删除的各题均已被遴选出来。至此，问卷修订完毕，剩余 42 道题目，其中 A1 包括 7 道题目（1~7）；A2 包括 5 道题目（8~12）；A3 包括 10 道题目（13~17、20、21、24、28、29）；A4 包括 7 道题目（18、19、22、23、25、26、27）；A5 包括 13 道题目（30~42）。在问卷确立后，先后咨询在读博士、一线教师、高校专家，从文字表述、字面理解等角度进行试答，优化了部分说法，《小学数学教师评价能力调查问卷（定稿）》最终确立。（附录Ⅲ）

2. 问卷信度、效度分析

问卷在样本数为 444 时，其 Cronbach α 系数和基于标准化题目的 Cronbach's α 系数都为 0. 945，从总体上看，本次调查的内在信度较为理想。

问卷各维度间 Pearson 相关性系数在 0. 837~0. 925，问卷 5 个一级维度与问卷总体间的 Pearson 相关性系数在 0. 926~0. 965，表明问卷内在结构效度良好（表 3-5）。在问卷编制过程中，一方面借鉴了相关问卷的表达方法，另一方面通过正式的试测及一线教师与博士研究生的试填，对问卷中一些偏理论化不容易理解的表述做了修正，在内容上可以更贴近一线教师的教学和评价实际，其内容效度良好。

表 3-5 问卷各维度间相关性

		A1	A2	A3	A4	A5	总体
A1	Pearson 相关性	1	0.891**	0.869**	0.872**	0.859**	0.934**
	显著性（双侧）		0.000	0.000	0.000	0.000	0.000
	平方与叉积的和	210.224	184.144	155.966	190.550	174.533	179.912
	协方差	0.475	0.416	0.352	0.430	0.394	0.406
A2	Pearson 相关性	0.891**	1	0.884**	0.882**	0.837**	0.926**
	显著性（双侧）	0.000		0.000	0.000	0.000	0.000
	平方与叉积的和	184.144	202.952	155.892	189.363	167.103	175.285
	协方差	0.416	0.458	0.352	0.427	0.377	0.396
A3	Pearson 相关性	0.869**	0.884**	1	0.925**	0.909**	0.965**
	显著性（双侧）	0.000	0.000		0.000	0.000	0.000
	平方与叉积的和	155.966	155.892	153.223	172.513	157.657	158.614
	协方差	0.352	0.352	0.346	0.389	0.356	0.358
A4	Pearson 相关性	0.872**	0.882**	0.925**	1	0.916**	0.965**
	显著性（双侧）	0.000	0.000	0.000		0.000	0.000
	平方与叉积的和	190.550	189.363	172.513	227.139	193.415	193.120
	协方差	0.430	0.427	0.389	0.513	0.437	0.436
A5	Pearson 相关性	0.859**	0.837**	0.909**	0.916**	1	0.965**
	显著性（双侧）	0.000	0.000	0.000	0.000		0.000
	平方与叉积的和	174.533	167.103	157.657	193.415	196.216	179.525
	协方差	0.394	0.377	0.356	0.437	0.443	0.405
总体	Pearson 相关性	0.934**	0.926**	0.965**	0.965**	0.965**	1
	显著性（双侧）	0.000	0.000	0.000	0.000	0.000	
	平方与叉积的和	179.912	175.285	158.614	193.120	179.525	176.406
	协方差	0.406	0.396	0.358	0.436	0.405	0.398

注：**. 在 0.01 水平（双侧）上显著相关。　　有效的 N（列表状态）444

二、调查对象总体情况

调查样本中包括女教师 404 人（91%）、男教师 40 人（9%）；就年龄而言，21~25 岁的教师 42 人（9.5%）、26~30 岁的 85 人（19.1%）、31~35 岁的 57 人（12.8%）、36~40 岁的 102 人（23%）、41~45 岁的 94 人（21.1%）、46~50 岁的 43 人（9.7%）、51~55 岁的 19 人（4.3%）、56 岁以上的 2 人（0.5%）；在最高学历层面，具备中专学历的教师有 2 人（0.5%）、中师 3 人（0.7%）、大专 47 人（10.5%）、本科 373 人（84%）、硕士 19 人（4.3%）；职称层面，小教三级教师 51 人（11.5%）、小教二级 97 人（21.8%）、小教一级 168 人（37.8%）、小教高级 108 人（24.3%）、副教授 18 人（4.1%）、教授 2 人（0.5%）；其中承担语数双科教学的教师有 196 人（44.1%）、承担数学单科教学的教师有 248 人（55.9%）；样本中各年级教师数量相对均衡，其中承担小学一年级教学的教师有 79 人（17.8%）、小学二年级教师有 71 人（16%）、小学三年级教师有 83 人（18.7%）、小学四年级教师有 67 人（15%）、小学五年级教师有 70 人（15.8%）、小学六年级教师有 74 人（16.7%）；来自农村的教师有 126 人（28.4%）、来自县城的教师有 50 人（11.3%）、来自城市的教师有 268 人（60.3%）。（表 3-6）

表 3-6 调查对象基本情况统计表

类别		教龄（年）						合计
		≤1	1~5	6~10	11~15	16~20	≥20	
性别	女	36	90	45	36	88	109	404
	男	3	6	3	7	16	5	40
年龄（周岁）	21~25	24	18	0	0	0	0	42
	26~30	14	57	14	0	0	0	85
	31~35	0	18	28	10	1	0	57
	36~40	0	2	3	31	65	1	102
	41~45	0	1	2	2	34	55	94
	46~50	1	1	0	0	2	39	43
	51~55	0	0	1	0	1	17	19
	≥56	0	0	0	0	0	2	2

续表

类别		教龄（年）						合计
		≤1年	1~5年	6~10年	11~15年	16~20年	≥20年	
学历	中　专	1	0	0	0	1	0	2
	中　师	0	0	0	0	1	2	3
	大　专	4	4	1	4	14	20	47
	本　科	28	83	44	39	87	92	373
	硕　士	6	9	3	0	1	0	19
职称	小教三级	25	25	1	0	0	0	51
	小教二级	4	45	31	11	5	1	97
	小教一级	9	25	14	29	63	28	168
	小教高级	1	1	2	3	35	66	108
	副教授	0	0	0	0	1	17	18
	教　授	0	0	0	0	0	2	2
任教科目	数学单科	23	58	34	30	53	50	248
	语数双科	16	38	14	13	51	64	196
任教年级	小学一年	17	20	6	4	12	20	79
	小学二年	7	18	9	8	18	11	71
	小学三年	8	25	10	11	13	16	83
	小学四年	3	14	7	4	21	18	67
	小学五年	1	13	8	10	17	21	70
	小学六年	3	6	8	6	23	28	74
学校所在地	城　市	29	55	31	29	57	67	268
	农　村	7	32	13	11	37	26	126
	县　城	3	9	4	3	10	21	50
合计		39	97	48	43	103	114	444

三、小学数学教师评价能力现状

（一）小学数学教师评价能力总体水平较高

就调查对象总体而言，其评价能力水平均值为3.79，处于中等偏上水平（最高值为5）。在确定评价目标层面，其均值为3.92，为5个维度和总体平均水平中的最高值；在设计评价方案层面，其均值为3.71；在运用评价方法与工具层面，其均值为3.70，为5个维度及总体水平中的最低值；在指导学生自评层面，其均值为3.85；在评价结果运用层面，其均值为3.77。从标准差层面看，各个维度的标准差均小于1，说明均值对总体均值的代表性程度较高。评价方法选择和运用层面的标准差最小（0.588），其均值的代表性相对其他4个维度及总体均值较高。但是，想要知道教师在不同维度、不同题目及观测点的表现水平，不能仅仅从总体均值层面进行分析，还应对各个题目及得分情况做进一步分析。（表3-7）

表3-7　调查对象总体描述统计量

题项	全距统计量	极小值统计量	极大值统计量	均值		标准差统计量	方差统计量
				统计量	标准误		
A1	3	2	5	3.92	0.033	0.689	0.475
A2	3	2	5	3.71	0.032	0.677	0.458
A3	3	2	5	3.70	0.028	.588	0.346
A4	3	2	5	3.85	0.034	0.716	0.513
A5	3	2	5	3.77	0.032	0.666	0.443
总体	3	2	5	3.79	0.030	0.631	0.398

有效的N（列表状态）444

（二）小学数学教师评价能力在各维度上不均衡

1. 确定评价目标的能力水平最高

就A1确定评价目标的能力层面而言，其均值为3.92，为5个维度中的最高值，高于总体平均值；且包含的7道题目间的均值总体在3.84~3.97，说明教师群体在对评价目标的理解和把握层面均值相对均衡，教师认为自己在实际教学和学生评价中能关注到评价目标与教学目标、课程标准、学生需要、学业评价标准等的具体要求，确定评价目标的能力较高。同时，样本标准差小于1，标准误差值较小，说明其对总体的代表性较高。至于各群体教师间在各维度及具体题目上的细致差异，将在下一部分加以论述。在确定评价目标这一维度中，a3"关注到学生对教学和评价的特殊需要"及a4"熟悉数学学业评价标准，并能贯彻其要求"这两道题目的均值相对较小，说明教师对学生的需求、对学业评价标准的理解和贯彻存在一定的问题，本研究会在影响因素中对类似问题进行深入的阐释和剖析。(表3-8)

表3-8　A1及各题项的描述统计量

题项	全距统计量	极小值统计量	极大值统计量	均值		标准差统计量	方差统计量
				统计量	标准误		
a1	3	2	5	3.93	0.037	0.773	0.598
a2	3	2	5	3.92	0.035	0.732	0.535
a3	3	2	5	3.85	0.039	0.828	0.685
a4	3	2	5	3.84	0.041	0.855	0.731
a5	3	2	5	3.99	0.038	0.791	0.625
a6	3	2	5	3.93	0.038	0.799	0.638
a7	3	2	5	3.97	0.038	0.804	0.647
A1	3	2	5	3.92	0.033	0.689	0.475

有效的N（列表状态）444

2. 设计评价方案的能力水平较低

在表3-9中，设计评价方案的能力均值为3.71，低于总体均值，说明教师认为自身设计评价方案的能力较低或者认为设计评价方案不那么重要；各题目均值在3.19~3.87，说明教师在日常教学中基本能够根据评价目标设定相应的评价方案。样本标准差小于1，其均值总体处于中等水平，对总体的代表性较高。但仔细分析。在a10"我能根据评价活动和方案的需要制定相应的评价标准"这一题目上，其均值为3.19，相对较低，且极小值为1，极大值为4，说明教师在日常评价活动中对评价标准的制定情况可能需要予以更进一步的关注。

表 3-9 A2 及各题项的描述统计量

题项	全距 统计量	极小值 统计量	极大值 统计量	均值		标准差 统计量	方差 统计量
				统计量	标准误		
a8	3	2	5	3.86	0.039	0.826	0.681
a9	3	2	5	3.87	0.037	0.788	0.621
a10	3	1	4	3.19	0.031	0.646	0.417
a11	3	2	5	3.77	0.039	0.831	0.691
a12	3	2	5	3.85	0.039	0.824	0.679
A2	3	2	5	3.71	0.032	0.677	0.458

有效的 N（列表状态）444

3. 运用评价方法与工具的能力水平最低

在表 3-10 中，A3 运用评价方法与工具的能力均值为 3.70，属于 5 个维度中的最低值，同时低于能力水平的总体均值；但均值在 3~4，处于中等水平，说明教师能合理使用评价方法与工具对学生进行评价。

在表 3-10 中，各题目及总体均值在 3.01~4.04，但值得注意的是，其极端值出现在 a15、a17、a27 上。a15“我能使用非纸笔测试（口试、档案袋等）方法考查学生”，其均值为 3.17，最小值为 1，最大值为 4，说明教师对非纸笔测试方法的使用频率较低，且其使用水平不高。a17“我能根据学生的特点和现实需要开发新的测量工具”，其均值为 3.01，最小值为 1，最大值为 4，表明教师在实际评价学生的过程中，其评价工具开发水平较低，换言之，教师多采用现成的工具对学生进行评价。a29“我经常使用编好的试题对学生进行测验”，此题作为第十七题的测谎题目，也是一道反向计分题，如果教师在作答时对其符合程度选择“5”则录入“1”，同理，选择“4”则录入“2”，选择“3”则录入 3。此题中，其均值为 3.27，在某种意义上，教师经常使用编好的试题对学生测验属于不能根据现实需要开发新的测量工具的一部分。以上结果说明，教师在对学生进行评价时，倾向于采用省时省力的方法与工具，这在后面的影响因素中会根据教师访谈等做进一步分析。

表 3-10　A3 及各题项的描述统计量

题项	全距 统计量	极小值 统计量	极大值 统计量	均值		标准差 统计量	方差 统计量
				统计量	标准误		
a13	3	2	5	3.99	0.038	0.805	0.648
a14	3	2	5	3.89	0.038	0.799	0.638
a15	3	1	4	3.17	0.036	0.751	0.564
a16	3	2	5	4.00	0.038	0.803	0.646
a17	3	1	4	3.01	0.038	0.795	0.632
a20	3	2	5	4.04	0.036	0.763	0.583
a21	3	2	5	3.86	0.039	0.824	0.679
a24	3	2	5	3.91	0.037	0.788	0.620
a28	3	2	5	3.89	0.038	0.810	0.656
a29	3	1	4	3.27	0.033	0.686	0.471
A3	3	2	5	3.70	0.028	0.588	0.346

有效的 N（列表状态）444

4. 引导学生自评及同伴互评的能力水平较高

表 3-11 显示，在 A4 引导学生进行自我评价的能力层面，其均值为 3.85，高于总体均值，说明教师能注意到他评与自评在学生学习和发展中的作用，能从学生的需要出发帮助学生根据相关评价信息进行自我反思与调整，建立相应的评价机制。其余各项题目的均值在 3.80~3.93，总体水平相对良好。这只能从一定意义上说明，教师在日常教学中能注意这些方式方法的使用，且自认为使用的能力相对可以，但在实际学生评价过程中，学生的自我评价、同伴评价、教师评价这三者结合的程度如何，学生进行自我评价的能力水平如何，都不得而知。这就需要聚焦具体课堂教学状态下教师评价、学生评价、同伴互评的使用状况和效果（详见第四章）。

表 3-11 A4 及各题项的描述统计量

题项	全距统计量	极小值统计量	极大值统计量	均值		标准差统计量	方差统计量
				统计量	标准误		
a18	3	2	5	3.82	0.040	0.834	0.696
a19	3	2	5	3.80	0.040	0.834	0.696
a22	3	2	5	3.89	0.038	0.810	0.656
a23	3	2	5	3.93	0.038	0.807	0.652
a25	3	2	5	3.89	0.039	0.826	0.683
a26	3	2	5	3.82	0.040	0.846	0.715
a27	3	2	5	3.80	0.039	0.820	0.672
A4	3	2	5	3.85	0.034	0.716	0.513

有效的 N（列表状态）444

5. 处理和运用评价结果的能力水平居中

在表 3-12 中，就 A5 处理和运用评价结果的能力层面看，其均值为 3.77，略低于总体均值，在 5 个维度中处于居中水平，表明教师认为自己能很好地处理和运用评价结果，来改进教师的教、学生的学及后续的学生评价。a30~a42 这 13 道题目的均值在 3.08~4.07，其均值差值接近 1。a33“我能与同事合作/独立检测评价结果”均值为 3.24，教师在与同事合作检测评价结果上水平较低，在后续研究中将给予关注。a41“我有一套独特的记录与查询评价结果的方法”，其均值最低，为 3.08，且极小值为 1，极大值为 4，说明教师对评价结果的保存和记录水平相对较低。当然，也可能是教师没去做，而并非水平较低（详见第五章）。a39“我能根据学生的作业情况反思自己的教学”，均值达到 4.07，为最高值，表明教师对学生作业情况利用较好，并能根据学生作业情况改进自己的教学。但这不能说明其他评价方法和评价结果的利用程度，因此需要借助访谈、课堂观察等来进一步呈现教师对多种评价方法与工具下评价结果的利用情况。

表 3-12　A5 及各题项的描述统计量

题项	全距统计量	极小值统计量	极大值统计量	均值		标准差统计量	方差统计量
				统计量	标准误		
a30	3	2	5	3.75	0.040	0.843	0.710
a31	3	2	5	3.74	0.042	0.889	0.790
a32	3	2	5	3.79	0.040	0.842	0.709
a33	3	1	4	3.24	0.032	0.680	0.462
a34	3	2	5	3.77	0.041	0.868	0.753
a35	3	2	5	3.88	0.039	0.819	0.671
a36	3	2	5	3.93	0.037	0.784	0.615
a37	3	2	5	3.99	0.038	0.798	0.636
a38	3	2	5	3.92	0.039	0.824	0.680
a39	3	2	5	4.07	0.035	0.748	0.559
a40	3	2	5	4.00	0.039	0.813	0.661
a41	3	1	4	3.08	0.036	0.749	0.560
a42	3	2	5	3.88	0.040	0.845	0.714
A5	3	2	5	3.77	0.032	0.666	0.443

有效的 N（列表状态）444

（三）不同群体小学数学教师评价能力水平差异分析

1. 不同教龄小学数学教师评价能力水平存在差异

教龄作为教师专业发展阶段与专业成长中的关键因素之一，与教师的专业能力水平等息息相关。从表 3-13 可以看出，在 5 个维度及总体水平层面，随着教龄的增加，教师的评价能力水平也在不断提升，当教龄达到 20 年以上时，其均值无一例外是最高值。值得关注的是，前两个教龄阶段教师评价能力水平均值在 3.5 左右，且均值增加幅度相对较大，其与第三教龄段的差距较大；随着教龄的增加，到 10 年以后，其均值在加大，但增加的幅度相对较小。这说明新入职教师与刚工作 5 年处于专业发展初期的教师，其评价的能力水平较低，但也是迅速提高的，10 年甚至 10 年以后，其评价能力水平提高幅度相对较小，趋于平稳。在“设计评价方案”这一维度，前三个教龄段教师评价能力水平的均值最低，其中：一年以下教龄的教师评价能力水平均值为 3.33，1~5 年 3.45，

6~10年的为3.75。在“评价工具与方法”这一维度，后三个教龄段教师的能力水平均值均低于其他层面，11~15年的为3.76，16~20年的为3.80，20年以上的为3.88。且“设计评价方案”与“运用评价工具与方法”这两个维度的均值水平略低。因此，需要在后续的课堂观察、访谈及质化分析中，对这两个层面从教师专业发展阶段的角度给予适当的回应和解释。

表 3-13 不同教龄小学数学教师评价能力水平均值比较

教龄（人数）	统计量	维度					
		A1	A2	A3	A4	A5	总体
1年以下（39人）	均值	3.45	3.33	3.38	3.41	3.38	3.39
	标准差	0.604	0.646	0.532	0.659	0.573	0.552
	均值的标准误	0.097	0.103	0.085	0.106	0.092	0.088
1~5年（97人）	均值	3.63	3.45	3.47	3.55	3.49	3.52
	标准差	0.652	0.653	0.572	0.685	0.642	0.602
	均值的标准误	0.067	0.067	0.058	0.070	0.066	0.061
6~10年（48人）	均值	3.92	3.75	3.76	3.93	3.75	3.81
	标准差	0.611	0.611	0.553	0.686	0.641	0.596
	均值的标准误	0.088	0.088	0.080	0.099	0.092	0.086
11~15年（43人）	均值	4.03	3.82	3.76	3.91	3.86	3.87
	标准差	0.574	0.569	0.495	0.637	0.564	0.534
	均值的标准误	0.088	0.087	0.075	0.097	0.086	0.081
16~20年（103人）	均值	4.04	3.82	3.80	3.99	3.89	3.90
	标准差	0.667	0.636	0.567	0.676	0.630	0.604
	均值的标准误	0.065	0.062	0.056	0.066	0.062	0.059
20年以上（114人）	均值	4.17	3.90	3.88	4.07	4.01	4.00
	标准差	0.686	0.702	0.594	0.699	0.661	0.624
	均值的标准误	0.064	0.066	0.056	0.066	0.062	0.058
总计（444人）	均值	3.92	3.71	3.70	3.85	3.77	3.79
	标准差	0.689	0.677	0.588	0.716	0.666	0.631
	均值的标准误	0.033	0.032	0.028	0.034	0.032	0.030

仅从平均分等描述性统计量的角度来看，教师评价能力水平因教龄不同而存在差异，似与教龄存在强相关，但对于不同教龄阶段教师评价能力水平存在怎样的差异还需进行单因素方差分析。首先，要确定因变量在因素的各个水平上方差是否相等，即方差是否具有齐性。通过方差齐性检验，从检验概率来看，*Sig*. 分别为 0. 548、0. 771、0. 826、0. 890、0. 617 和 0. 559，方差均小于 0. 05，说明各组的方差在 $\alpha=0.05$ 水平上不存在显著差异，即方差具有齐性，可以进行单因素方差分析。(表 3-14)

表 3-14　不同教龄小学数学教师评价能力水平的方差齐性检验

维度	Levene 统计量	*df*1	*df*2	显著性
A1	0. 803	5	438	0. 548
A2	0. 507	5	438	0. 771
A3	0. 432	5	438	0. 826
A4	0. 338	5	438	0. 890
A5	0. 709	5	438	0. 617
总体	0. 787	5	438	0. 559

从表 3-15 可以看出，方差检验的 *F* 值分别为，$F_1=12.146$，$F_2=8.592$，$F_3=8.697$，$F_4=10.632$，$F_5=10.839$，$F_{总}=11.297$，相应的 *Sig*. 值均为 0. 000 <0. 05，说明各组均值在各维度 $\alpha=0.05$ 水平上都有显著差异，但究竟是哪两组或哪几组之间存在差异，还需要在各个水平（组）之间进行多重比较，以判断其显著性差异的具体情况。

已知方差齐性，在通过多重比较对各组间进行判别时，可参考 LSD 判别法的结果。为缩短表格长度，对两两比较结果仅呈现一次，如在 A1 维度 LSD 两两比较结果中，教龄是 1 年以下分别与各个教龄阶段进行比较。因此，在后续各教龄段比较过程中，均删除与教龄为 1 年以下比较的行，同时将判别结果呈现不显著的行也予以删除，最终呈现的都是无重复且存在显著差异的比较值(表 3-16)。

表 3-15 不同教龄小学数学教师评价能力水平的单因素方差分析

				平方和	*df*	均方	*F*	显著性
A1	组间	（组合）		25. 599	5	5. 120	12. 146	0. 000
		线性项	未加权的	22. 304	1	22. 304	52. 913	0. 000
			加权的	23. 914	1	23. 914	56. 732	0. 000
			偏差	1. 685	4	0. 421	1. 000	0. 407
	组内			184. 625	438	0. 422		
	总数			210. 224	443			
A2	组间	（组合）		18. 129	5	3. 626	8. 592	0. 000
		线性项	未加权的	14. 872	1	14. 872	35. 243	0. 000
			加权的	16. 098	1	16. 098	38. 149	0. 000
			偏差	2. 031	4	0. 508	1. 203	0. 309
	组内			184. 824	438	0. 422		
	总数			202. 952	443			
A3	组间	（组合）		13. 838	5	2. 768	8. 697	0. 000
		线性项	未加权的	10. 923	1	10. 923	34. 326	0. 000
			加权的	12. 365	1	12. 365	38. 854	0. 000
			偏差	1. 473	4	0. 368	1. 157	0. 329
	组内			139. 385	438	0. 318		
	总数			153. 223	443			
A4	组间	（组合）		24. 584	5	4. 917	10. 632	0. 000
		线性项	未加权的	19. 824	1	19. 824	42. 867	0. 000
			加权的	21. 931	1	21. 931	47. 423	0. 000
			偏差	2. 653	4	0. 663	1. 434	0. 222
	组内			202. 555	438	0. 462		
	总数			227. 139	443			

续表

				平方和	*df*	均方	*F*	显著性
A5	组间	（组合）		21.604	5	4.321	10.839	0.000
		线性项	未加权的	18.192	1	18.192	45.633	0.000
			加权的	20.651	1	20.651	51.802	0.000
			偏差	0.953	4	0.238	0.598	0.665
	组内			174.612	438	0.399		
	总数			196.216	443			
总体	组间	（组合）		20.150	5	4.030	11.297	0.000
		线性项	未加权的	16.789	1	16.789	47.060	0.000
			加权的	18.660	1	18.660	52.305	0.000
			偏差	1.491	4	0.373	1.045	0.384
	组内			156.255	438	0.357		
	总数			176.406	443			

由表3-16中的多重比较可知，第六列“显著性”（*Sig.*）表示用于检验的判别概率，主要用来检验组与组之间是否具有显著性差异，若 *Sig.* ≥0.05 则无显著性差异，若 *Sig.* <0.05 则有显著性差异。当教龄为“1年以下”时，与其他各个教龄段在“A1确定评价目标”“A2设计评价方案”“A3运用评价方法与工具”“A4引导学生自我评价”“A5处理和运用评价结果”及总体水平方面均存在显著差异；同理，当教龄为“1～5年”时，与除“1年以下”外的其他各教龄段教师评价能力水平在A1～A5及总体水平上都存在显著差异，也就是说教龄为“1年以下”与教龄为“1～5年”这两个教龄段的教师的评价能力水平不存在显著差异。亦即，新入职教师或处于专业发展初级阶段的教师，其评价能力水平与其他教龄段教师群体存在显著差异，在评价目标的设定、评价方案的制定、评价方法与工具选择、引导学生自我评价及评价结果的运用及整体水平层面均存在显著差异。

表 3-16 不同教龄小学数学教师评价能力水平的多重比较

维度	(I) 教龄	(J) 教龄	均值差(I-J)	标准误	显著性	95%置信区间	
						下限	上限
A1	1年以下	6~10年	−0.472*	0.140	0.001	−0.75	−0.20
		11~15年	−0.579*	0.144	0.000	−0.86	−0.30
		16~20年	−0.591*	0.122	0.000	−0.83	−0.35
		20年以上	−0.716*	0.120	0.000	−0.95	−0.48
A2	1年以下	6~10年	−0.421*	0.140	0.003	−0.70	−0.15
		11~15年	−0.490*	0.144	0.001	−0.77	−0.21
		16~20年	−0.486*	0.122	0.000	−0.73	−0.25
		20年以上	−0.567*	0.121	0.000	−0.80	−0.33
A3	1年以下	6~10年	−0.378*	0.122	0.002	−0.62	−0.14
		11~15年	−0.371*	0.125	0.003	−0.62	−0.13
		16~20年	−0.412*	0.106	0.000	−0.62	−0.20
		20年以上	−0.495*	0.105	0.000	−0.70	−0.29
A4	1年以下	6~10年	−0.522*	0.147	0.000	−0.81	−0.23
		11~15年	−0.500*	0.150	0.001	−0.80	−0.20
		16~20年	−0.584*	0.128	0.000	−0.83	−0.33
		20年以上	−0.666*	0.126	0.000	−0.91	−0.42
A5	1年以下	6~10年	−0.373*	0.136	0.006	−0.64	−0.11
		11~15年	−0.482*	0.140	0.001	−0.76	−0.21
		16~20年	−0.509*	0.119	0.000	−0.74	−0.28
		20年以上	−0.631*	0.117	0.000	−0.86	−0.40
总体	1年以下	6~10年	−0.421*	0.129	0.001	−0.67	−0.17
		11~15年	−0.476*	0.132	0.000	−0.74	−0.22
		16~20年	−0.509*	0.112	0.000	−0.73	−0.29
		20年以上	−0.611*	0.111	0.000	−0.83	−0.39

续表

维度	(I) 教龄	(J) 教龄	均值差 (I-J)	标准误	显著性	95%置信区间	
						下限	上限
A1	1~5年	6~10年	-0.292*	0.115	0.011	-0.52	-0.07
		11~15年	-0.399*	0.119	0.001	-0.63	-0.16
		16~20年	-0.410*	0.092	0.000	-0.59	-0.23
		20年以上	-0.536*	0.090	0.000	-0.71	-0.36
A2	1~5年	6~10年	-0.306*	0.115	0.008	-0.53	-0.08
		11~15年	-0.375*	0.119	0.002	-0.61	-0.14
		16~20年	-0.371*	0.092	0.000	-0.55	-0.19
		20年以上	-0.452*	0.090	0.000	-0.63	-0.28
A3	1~5年	6~10年	-0.291*	0.100	0.004	-0.49	-0.09
		11~15年	-0.284*	0.104	0.006	-0.49	-0.08
		16~20年	-0.324*	0.080	0.000	-0.48	-0.17
		20年以上	-0.408*	0.078	0.000	-0.56	-0.25
A4	1~5年	6~10年	-0.381*	0.120	0.002	-0.62	-0.14
		11~15年	-0.359*	0.125	0.004	-0.60	-0.11
		16~20年	-0.443*	0.096	0.000	-0.63	-0.25
		20年以上	-0.525*	0.094	0.000	-0.71	-0.34
A5	1~5年	6~10年	-0.257*	0.112	0.022	-0.48	-0.04
		11~15年	-0.366*	0.116	0.002	-0.59	-0.14
		16~20年	-0.393*	0.089	0.000	-0.57	-0.22
		20年以上	-0.515*	0.087	0.000	-0.69	-0.34
总体	1~5年	6~10年	-0.297*	0.106	0.005	-0.50	-0.09
		11~15年	-0.352*	0.110	0.001	-0.57	-0.14
		16~20年	-0.385*	0.085	0.000	-0.55	-0.22
		20年以上	-0.488*	0.083	0.000	-0.65	-0.32
A1	6~10年	20年以上	-0.244*	0.112	0.029	-0.46	-0.02
A2	6~10年	20年以上	-0.146	0.112	0.193	-0.37	0.07

续表

维度	(I) 教龄	(J) 教龄	均值差 (I-J)	标准误	显著性	95%置信区间	
						下限	上限
A4	6~10年	16~20年	-0.062	0.119	0.603	-0.30	0.17
		20年以上	-0.144	0.117	0.219	-0.37	0.09
A5	6~10年	20年以上	-0.258*	0.109	0.018	-0.47	-0.04

注：*. 均值差的显著性水平为0.05。

当教龄为“6~10年”时，其评价能力水平除与“1年以下”和“1~5年”两个教龄段的教师在各个维度及总体上存在差异外，在A1、A2、A5维度上与教龄为“20年以上”的教师存在显著差异，在A4维度上与教龄“16~20年”和“20年以上”的教师存在显著差异。也就是说，当教师顺利度过入职期后，其评价能力水平在一段时间内处于相对平稳状态，但与进入较高专业发展阶段（甚至是专家型）的教师存在显著差异。当教龄为“11~15年”和“16~20年”时，其评价能力水平在5个维度及总体上仅与教龄为“1年以下”和“1~5年”的教师间存在显著差异，这一点在论述前两个教龄段的教师评价能力水平时已阐明，不再赘述。

当教龄为“20年以上”时，该群体教师的评价能力水平在A2~A4及总体层面，仅与“1年以下”和“1~5年”两个教龄段的教师存在显著差异，但在A1和A5层面与“6~10年”教龄段的教师存在显著差异；在确定评价目标和评价结果运用层面，与“6~10年”教龄段的教师也存在差异。

总体说来，教师评价能力水平的高低与教师教龄的长短存在一定的关系。即教师在入职初期（前5年内）的评价能力水平处于相对较低的状态，但随着教龄的增加、教学及评价经验的丰富，其评价能力水平在一段时间内逐步得到提高，并趋于平稳（一般教龄在11~20年）。但当教龄达到20年以上时，其评价能力水平开始与其他教龄段教师的评价能力水平存在显著差异，尤其是在一些灵活性或创造性评价能力方面有显著增强（如评价方案的设计、评价结果的运用等）。此外，还有一个重要相关变量——职称，其对教师评价能力水平的影响与教龄相似，但不同的是，很多教龄达到一定年限的教师，由于各种因素并未评上相应职称。还有一个重要因素，在J省职称改革过程中，部分地区取消“小教三级”职称，但有些地区又沿用“小教三级”的说法，且有些新入职教师还未来得及定级，均按照“小教三级”填写其职称，对此，本部分不做呈现。

2. 不同地域小学数学教师的评价能力水平存在显著差异

在对小学数学教师评价能力进行调查分析的过程中，一个重要相关变量为学校所在地。从描述性统计量上看，城市、县城、农村教师的评价能力水平无论是从分维度看，还是从总体上说，都呈由高到低的趋势（表 3-17）。学校所在地为“城市”的小学数学教师，其评价能力水平的总体均值为 3.92，“县城”小学数学教师评价能力水平的总体均值为 3.63，“农村”小学数学教师评价能力水平的均值为 3.57，而小学数学教师总体的评价能力水平均值为 3.79，即农村和县城小学数学教师的评价能力水平均值都低于样本教师的评价能力水平均值。欲对不同地域小学数学教师的评价能力做细致化比较，还需做进一步分析。

表 3-17　不同地域小学数学教师评价能力水平均值比较

学校所在地	统计量	A1	A2	A3	A4	A5	总体
城市（268 人）	均值	4.08	3.83	3.81	4.00	3.90	3.92
	标准差	0.667	0.677	0.577	0.708	0.649	0.617
	均值的标准误	0.041	0.041	0.035	0.043	0.040	0.038
农村（126 人）	均值	3.65	3.52	3.53	3.60	3.55	3.57
	标准差	0.626	0.609	0.554	0.657	0.613	0.584
	均值的标准误	0.056	0.054	0.049	0.059	0.055	0.052
县城（50 人）	均值	3.74	3.55	3.56	3.67	3.63	3.63
	标准差	0.720	0.707	0.608	0.699	0.720	0.645
	均值的标准误	0.102	0.100	0.086	0.099	0.102	0.091
总计（444 人）	均值	3.92	3.71	3.70	3.85	3.77	3.79
	标准差	0.689	0.677	0.588	0.716	0.666	0.631
	均值的标准误	0.033	0.032	0.028	0.034	0.032	0.030

根据学校所在地域，将小学数学教师分成三个群体——城市小学数学教师、县城小学数学教师和农村小学数学教师，想要探求此三个群体评价能力水平差异的显著性，需要对其进行多独立样本检验。表 3-18 显示，其检验的概率的各项 p 值均为 $0.000<0.05$，说明这三个群体的评价能力水平具有统计学意义上的显著

性差异。更进一步说，在A2层面，城市小学数学教师仅与农村小学数学教师的评价能力水平存在显著差异。除此之外，在各个维度及总体的能力水平上，城市小学数学教师与农村、县城小学数学教师的评价能力水平存在显著差异。在各个维度及评价能力水平总体上，都要拒绝原假设，综合来看，小学数学教师评价能力水平在学校所在地域层面存在显著差异。（表3-19）

表3-18 小学数学教师评价能力水平“地域”的独立样本 Kruskal-Wallis

维度	总计 *N*	检验统计量	*df*	渐进显著性 *Sig.*（双侧）
A1	444	39.740	2	0.000
A2	444	22.800	2	0.000
A3	444	23.057	2	0.000
A4	444	36.672	2	0.000
A5	444	26.848	2	0.000
总体	444	31.457	2	0.000

表3-19 不同地域小学数学教师评价能力水平 Kruskal-Wallis 检验汇总

维度	成对比较						显著性水平
	样本1—样本2	检验统计量	标准误	标准检验统计量	显著性水平	调整显著性水平	
A1	农村—县城	-24.969	21.340	-1.170	0.242	0.726	0.000
	农村—城市	-83.825	13.791	-6.078	0.000	<u>0.000</u>	
	县城—城市	-58.856	19.668	-2.992	0.003	<u>0.008</u>	
A2	农村—县城	-16.326	21.297	-0.767	0.443	1.000	0.000
	农村—城市	-62.901	13.763	-4.570	0.000	<u>0.000</u>	
	县城—城市	-46.575	19.629	-2.373	0.018	0.053	
A3	农村—县城	-12.403	21.392	-0.563	0.573	1.000	0.000
	农村—城市	-62.635	13.825	-4.531	0.000	<u>0.000</u>	
	县城—城市	-50.592	19.716	-2.566	0.010	0.031	
A4	农村—县城	-18.353	21.293	-0.862	0.389	1.000	0.000
	农村—城市	-79.300	13.761	-5.763	0.000	<u>0.000</u>	
	县城—城市	-60.948	19.625	-3.106	0.002	0.006	
A5	农村—县城	-21.388	21.411	-0.999	0.318	0.953	0.000
	农村—城市	-69.267	13.837	-5.006	0.000	<u>0.000</u>	
	县城—城市	-47.879	19.734	-2.426	0.015	0.046	

续表

维度	成对比较						显著性水平
	样本1—样本2	检验统计量	标准误	标准检验统计量	显著性水平	调整显著性水平	
总体	农村—县城	-20.232	21.441	-0.944	0.345	1.000	0.000
	农村—城市	-74.558	13.857	-5.381	0.000	0.000	
	县城—城市	-54.326	19.762	-2.749	0.006	0.018	

每行检验原假设：样本1和样本2分布相同。显示渐进显著性（双侧检验），显著性水平是0.05。

3. 不同性别小学数学教师的评价能力水平不存在显著差异

从均值来看（表3-20），不同性别小学数学教师在评价能力水平上差别不大，但要想知道两组间是否具有显著性差异，还应对其进行独立样本 t 检验。"*Sig.*"表示用于F检验的显著性概率，主要来检验方差是否具有齐性。表3-21显示，男女教师在评价能力水平上的 *Sig.* 值除 $Sig._{A1}>0.05$ 外，其余3个维度及总体均小于0.05，因此在A1行需要看假设方差相等行的 P 值，其余4行需查验假设方差不相等行的 P 值。双侧 t 检验的概率 $P_{A1}-P_{A5}$ 及 $P_{总体}$ 均大于0.05，故小学数学教师评价能力水平在性别上不存在显著差异。同样地，不同任教科目（语、数双科及数学单科）教师的评价能力水平也不存在显著差异。但在实际教学中，不同性别、不同任教科目教师的评价能力水平是否存在差异还需进一步分析和印证。

表3-20　不同性别小学数学教师评价能力水平均值比较

性别（人数）	统计量	目标	方案	方法	自评	结果	总体
女（404人）	均值	3.92	3.71	3.71	3.85	3.77	3.79
	标准差	0.699	0.692	0.599	0.728	0.679	0.643
	均值的标准误	0.035	0.034	0.030	0.036	0.034	0.032
男（40人）	均值	3.88	3.73	3.69	3.88	3.77	3.78
	标准差	0.577	0.506	0.467	0.583	0.518	0.498
	均值的标准误	0.091	0.080	0.074	0.092	0.082	0.079
总计（444人）	均值	3.92	3.71	3.70	3.85	3.77	3.79
	标准差	0.689	0.677	0.588	0.716	0.666	0.631
	均值的标准误	0.033	0.032	0.028	0.034	0.032	0.030

表 3-21 不同性别教师评价能力水平独立样本 t 检验

		方差方程的 Levene 检验		均值方程的 t 检验						
		F	$Sig.$	t	df	$Sig.$（双侧）	均值差值	标准误差值	差分的 95% 下限	置信区间上限
总体	假设方差相等	4.929	0.027	0.065	442	0.948	0.007	0.105	−0.199	0.213
	假设方差不相等			0.080	52.823	0.937	0.007	0.085	−0.164	0.177
A1	假设方差相等	2.973	0.085	0.422	442	0.673	0.048	0.114	−0.176	0.273
	假设方差不相等			0.494	51.066	0.623	0.048	0.098	−0.148	0.244
A2	假设方差相等	6.736	0.010	−0.143	442	0.886	−0.016	0.112	−0.237	0.205
	假设方差不相等			−0.185	54.616	0.854	−0.016	0.087	−0.191	0.158
A3	假设方差相等	4.190	0.041	0.212	442	0.832	0.021	0.098	−0.171	0.212
	假设方差不相等			0.260	52.642	0.796	0.021	0.080	−0.139	0.180
A4	假设方差相等	3.944	0.048	−0.234	442	0.815	−0.028	0.119	−0.261	0.206
	假设方差不相等			−0.280	51.850	0.781	−0.028	0.099	−0.227	0.171
A5	假设方差相等	5.908	0.015	0.007	442	0.995	0.001	0.110	−0.216	0.218
	假设方差不相等			0.008	53.259	0.993	0.001	0.089	−0.177	0.178

4. 不同学历教师的评价能力水平不存在显著差异

表3-22显示，学历为“中专”的教师样本量为2人，其总体均值为4.36，其余各项分别为4.57、4.30、4.20、4.31；学历为“中师”的教师样本量为3人，总体均值为4.02，其余各项均值分别为4.14、4.00、3.83、4.00、4.10；学历为“大专”的教师样本量为47人，总体均值为3.95，其余各项均值分别为4.09、3.88、3.85、4.03、3.93；学历为“本科”的教师总体均值为3.78，其余各项均值分别为3.90、3.71、3.70、3.84、3.76；学历为“硕士”的教师总体均值为3.47，其余各项均值为3.67、3.25、3.42、3.46、3.51。

表3-22　不同学历教师评价能力水平均值比较

学历（人数）	统计量	A1	A2	A3	A4	A5	总体
中专（2人）	均值	4.57	4.30	4.20	4.50	4.31	4.36
	标准差	0.606	0.707	0.707	0.707	0.761	0.707
	均值的标准误	0.429	0.500	0.500	0.500	0.538	0.500
中师（3人）	均值	4.14	4.00	3.83	4.00	4.10	4.02
	标准差	1.030	0.917	0.850	1.000	0.771	0.884
	均值的标准误	0.595	0.529	0.491	0.577	0.445	0.510
大专（47人）	均值	4.09	3.88	3.85	4.03	3.93	3.95
	标准差	0.625	0.640	0.564	0.690	0.615	0.592
	均值的标准误	0.091	0.093	0.082	0.101	0.090	0.086
本科（373）	均值	3.90	3.71	3.70	3.84	3.76	3.78
	标准差	0.691	0.671	0.588	0.710	0.667	0.630
	均值的标准误	0.036	0.035	0.030	0.037	0.035	0.033
硕士（19）	均值	3.67	3.25	3.42	3.46	3.51	3.47
	标准差	0.684	0.666	0.526	0.737	0.674	0.605
	均值的标准误	0.157	0.153	0.121	0.169	0.155	0.139
总计（444）	均值	3.92	3.71	3.70	3.85	3.77	3.79
	标准差	0.689	0.677	0.588	0.716	0.666	0.631
	均值的标准误	0.033	0.032	0.028	0.034	0.032	0.030

从基本描述统计量可以发现，似乎随着学历的提升，教师评价能力水平不

升反降。学历到底对教师评价能力水平存在哪些影响，二者间的关系如何？需要对教师评价能力水平与教师学历的关系进行一般卡方检验。但是在卡方检验过程中，分析期望频率发现，其并不适合运用卡方检验，考虑到主要是为了探求教师评价能力水平在学历上是否存在显著差异，虽然前面已经分析得出教师评价能力水平与教师的性别、年龄、任教年级、任教科目并无显著性关系，但在建立回归方程时也将几个变量都纳入其中，以便更好地诠释各个变量与因变量间的关系（表 3-23）。建立“性别”“年龄”“教龄”“学历”“职称”和“学校所在地”等变量与教师评价能力水平间的最优尺度模型，以检验学历等因素与教师评价能力水平的显著性关系。（本研究之所以选择最优尺度模型，意在了解各变量与教师评价能力水平的关系，并无意建立细致化的回归方程。）

表 3-23　样本教师评价能力水平的方差分析

	平方和	*df*	均方	*F*	*Sig.*
回归	174. 568	17	10. 269	16. 236	0. 000
残差	269. 432	426	0. 632		
总计	444. 000	443			

因变量：总体
预测变量：教龄　学历　职称　学校所在地　性别　年龄　任教科目　任教年级

在建立最优尺度回归模型时，有效案例为 444 个，$F=16.236$，$Sig.=0.000<0.05$，说明最优尺度回归方程呈现显著性。在表 3-24 中，$Sig._{性别}=0.523>0.05$，$Sig._{教龄}=0.946>0.05$，$Sig._{年龄}=0.921>0.05$，$Sig._{任教科目}=0.766>0.05$，$Sig._{任教年级}=0.724>0.05$，说明“性别”“教龄”“年龄”“任教科目”“任教年级”这 5 个变量对因变量教师评价能力水平没有显著影响，不能很好地解释教师评价能力水平；但 $Sig._{学历}=0.000<0.05$，$Sig._{职称}=0.000<0.05$，$Sig._{学校所在地}=0.000<0.05$，说明这 3 个维度对教师评价能力水平有显著影响和关联。据此，可初步建立其最优尺度方程，即样本教师评价能力 $=-0.137$ 学历 $+0.524$ 职称 $+0.351$ 学校所在地。

表 3-24 样本教师评价能力水平最优尺度回归模型系数

	标准系数		*df*	*F*	*Sig.*
	Beta	标准误差的 Bootstrap（1000）估计			
性别	−0.028	0.044	1	0.409	0.523
教龄	0.012	0.174	1	0.005	0.946
年龄	0.056	0.193	2	0.083	0.921
学历	−0.137	0.048	4	8.095	0.000
职称	0.524	0.076	4	48.005	0.000
任教科目	0.015	0.050	1	0.089	0.766
任教年级	−0.049	0.074	3	0.441	0.724
学校所在地	0.351	0.056	1	39.664	0.000

因变量：总体

由表 3-25 可知，在重要性程度上，职称的重要性最高（0.686），其次是学校所在地（0.255），学历（0.047）和教龄（0.018）的重要性可以忽略不计，即对教师评价能力水平影响最大的因素是职称，其次是学校所在地，学历等因素的影响可以忽略不计。通过最优回归方程中绘制图表的功能，将“学历”这一变量与教师评价能力水平直观呈现为图 3-2。从图中我们可以看出，在其 Beta 系数为−0.137 时，随着学历的提升，其评价能力水平逐渐降低，亦即，表面看上去学历与教师评价能力水平呈负相关。

表 3-25 相关性和容差

	相关性			重要性	容差	
	零阶	偏	部分		转换后	转换前
性别	0.000	−0.035	−0.028	0.000	0.965	0.949
教龄	0.334	0.012	0.009	0.010	0.623	0.229
年龄	0.127	0.069	0.054	0.018	0.952	0.212
学历	−0.134	−0.166	−0.132	0.047	0.922	0.910
职称	0.515	0.471	0.416	0.686	0.631	0.661
任教科目	−0.095	0.016	0.013	−0.004	0.718	0.764
任教年级	0.097	−0.060	−0.047	−0.012	0.898	0.881
学校所在地	0.285	0.358	0.299	0.255	0.725	0.787

因变量：总体

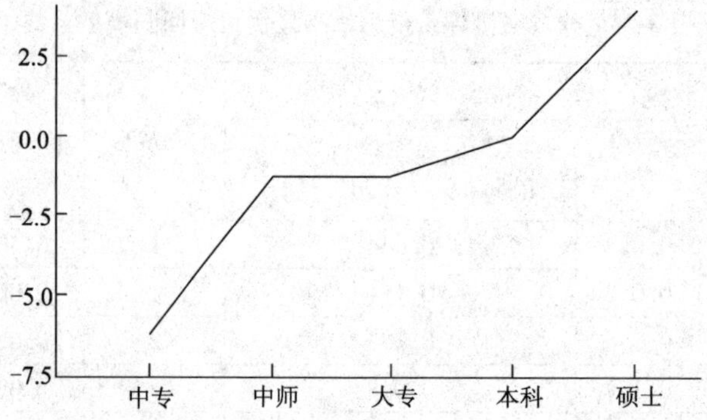

图 3-2 转换：学历

表 3-26 显示，具有中专学历的教师仅有 2 人，其中 1 人职称为“小教二级”、1 人职称为“小教高级”；同样，具有中师学历的教师有 3 人，其中 1 人职称为“小教一级”，2 人职称为“小教高级”；具有大专学历的教师有 47 人，其中具有“小教三级”和“小教二级”职称的教师各有 2 人，“小教一级”职称的教师有 24 人，“小教高级”职称的教师有 16 人，3 人是副教授；在本科学历的教师中，“小教一级”及以上职称的教师有 237 人；但样本中的硕士学历教师，大多数职称在“小教一级”及以下，且硕士样本仅有 19 人。这样分析下来，原本看上去是学历的变量，转化成了职称变量。有些教师虽然学历较低，但其职称在“小教一级”及以上，因此，原有关于职称与教师评价能力水平的显著性关系仍然成立，故教师评价能力水平与学历不存在显著关系，且不能得出相对明确的正相关或负相关的结论。

表 3-26 学历＊职称交叉表

学历	职称						合计/人
	小教三级/人	小教二级/人	小教一级/人	小教高级/人	副教授/人	教授/人	
中专	0	1	0	1	0	0	2
中师	0	0	1	2	0	0	3
大专	2	2	24	16	3	0	47
本科	47	89	132	88	15	2	373
硕士	2	5	11	1	0	0	19
合计	51	97	168	108	18	2	444

四、本章小结

本章中对小学数学教师评价能力现状的考察，是在第二章专家咨询结果的基础上编制问卷，通过试测并调试，确立正式问卷，基于评价活动程序展开视角，通过对J省444位小学数学教师进行问卷调查，借助量化分析的方法，对样本小学数学教师评价能力现状作出的客观呈现。目的是透过量化数据分析，从宏观上对小学数学教师评价能力进行整体感知和认识，初步明晰小学数学教师评价能力水平的基本状况。具体有以下几方面：

（1）样本小学数学教师评价能力总体水平相对较高，确定评价目标的能力水平最高，设计评价方案、运用评价方法与工具的能力相对较低。

（2）小学数学教师评价能力水平与其性别、年龄、任教科目、任教年级及学历不存在显著差异。

（3）不同地域、不同职称小学数学教师的评价能力水平存在显著差异，特别是农村、县城、城市小学数学教师的评价能力水平差异较大。

（4）在教龄层面，处于专业发展初级阶段的小学数学教师评价能力水平相对较低，教龄在10年以内的教师与其他各教龄段教师的评价能力水平存在显著差异。当顺利度过入职期后，其评价能力水平在一段时间内处于相对平稳的状态。进入专业发展的高级阶段后，其评价能力水平开始提高，教龄到10年以后教师评价能力水平差别不大。

（5）职称越高，小学数学教师评价能力水平相对越高。

问卷调查反映了一系列具体问题，如在评价标准的确立、新兴评价方法的使用、命题本领与技术、开发新的测量工具、检验评价数据、评价结果的记录与保存等方面的均值较低，说明这些小学数学对教师评价能力的较高要求还没办法真正实现，值得在日常评价活动中深入探究。

第四章　小学数学教师评价能力的实践样态

问卷调查从宏观视角上反映了小学数学教师评价能力的现状。那么，教师自认为的评价能力能否代表实践层面的评价能力？实践场域中的学生评价可分为对学生学习过程的评价和对学生学习结果的评价。基于评价形式考量，教师的评价能力也可以表现为形成性评价能力和总结性评价能力。教师评价能力是在评价活动中显现和发展的，本章对小学数学教师评价能力实践样态的考察，主要通过课堂教学视频分析与学生作业及试卷分析来呈现。

一、小学数学教师形成性评价能力的实践样态

课堂评价其实是典型的形成性评价。① 课堂是学校课程实施的主阵地，是"教学—评价"发生的关键场域，也是教师形成性评价能力体现的重要空间。本部分主要通过对30节课堂实录师生对话（教师提问、学生作答、教师反馈等）、行为等的分析来呈现小学数学教师形成性评价能力的实践样态。

课堂实录摘自课堂教学视频转录后的文字，按照师生对话顺序逐字呈现。为还原课堂真实情况，除删除少数不必要的语气词外，均为师生原话。其中，"［S］"表示学生的发言；阿拉伯数字"1""2""3"等表示学生发言次序；"［S1］"代表第一个发言的学生，若某节课中该学生发言多次，则多次呈现"［S1］"，直到每节课的末尾；"S"后面的阿拉伯数字表示本节课参与课堂的学生数，其中加直线下划线"————"的表示是女生的发言，加"～～～～"的表示是男生的发言；"［S齐］"表示是学生群体的发言；"［S部］"表示是部分学生的发言。"［T］"代表教师。为区分师生发言，教师的话语采用宋体，学生的话语采用楷体。在对课堂实录进行分析的过程中，需特别注意的教师或学生话语用粗下划线"————"强调。在"研究者注"

---

① 钟启泉．跳出课堂评价的新八股［N］．中国教育报，2017-05-11（008）．

中，为了更好地对课堂中的实况加以描绘，增加了“情景描述”这一内容；根据课堂教学目标、课堂教学环节、师生对话等实际情况设置了教师意图，以更好地透视教师的评价目的；基于课堂教学氛围、师生互动情况、学生反应等情况，研究者根据情景、教师的意图，对其效用予以评价，以更好地分析其评价的效果。需要指出的是，研究中所有的小学数学课堂教学均使用北师版小学数学教科书。

本部分从评价的基本要素出发，依据课堂评价中教师对评价目标、评价主体、评价对象、评价内容、评价语言等的使用情况，对小学数学教师形成性评价能力的实践样态进行描绘。

（一）部分小学数学教师忽视评价目标，更多关注教学目标

评价目标主要解决“为什么评”的问题，师生在课堂教学中的交流与互动是随着课堂教学的推进和目标达成而不断深入的，评价目标作为教学目标的延伸与发展，常常是以内隐方式存在的。在公开课和常规课中，虽然评价目标存在差别，但仍有部分教师使评价目标沦为教学目标的附庸，而更多关注教学目标的实现，教学进程的顺利推进演化成为学生评价的目标。

在同课异构公开课“加法结合律”的教学中，在引导学生观察算式“(4+8)+6=4+(8+6)”的特点时，教师原本的意图是引导学生通过观察算式发现加数的位置不变，括号的位置改变，会影响运算顺序。但由于教师将原始算式错写成“4+(8+6)= 4+(8+6)= 18”，学生在观察算式特点的过程中一头雾水，不知道教师的问题，无法按照教师的预设给出相应答案，只有少部分已经知道、理解加法结合律的学生能够按照教师的预设给出答案。在教师出现“关键性错误和事故”时，有学生提出，将加法结合律中改变括号位置的规则应用到减法和除法运算中可能就会导致结果的改变。(课堂实录 1)

教师为了教学的顺利进行，对学生的发言进行了简短评价，但并没有抓住学生看法中的关键，未对学生提出的减法、除法算式中的括号位置及是否适合使用结合律做出有针对性的评价。从这个意义上讲，教师的教学目标并没有因为自己的错误而产生重大影响，但忽视了学生评价目标。公开课教学尚且如此，常规课教学中类似情况更是屡见不鲜。对其余课堂实录进行整体分析发现，在课堂教学中，教学目标永远是教师的第一位目标，而对学生长远发展至关重要的评价目标经常被忽视，甚至漠视。

课堂实录 1　忽视评价目标

教学片段	研究者注
[T] 好了，大家看一下，通过我们的观察，你有了一个这样的初步感受。那现在老师就要问你，你有没有什么猜测？ [S17] 除法和减法。如果括号改变位置，比如说是 62 减 19，把括号放到后边，再减去 38，可能得数就不一样了。 [T] 他想到了乘法和除法。孩子们，咱们能不能再接着想加法？再接着想，如果什么什么样的数的加法。咱还是想加法。他的想法非常好，有想法就是好的。我们今天就研究加法的内容，关于加法你还有没有…… [S18] 如果它们的数字变化了位置，它们的结果并不变。 [T] 我给你点一百个赞（**双手竖起大拇指状态**），谁听懂他的意思了？你说。 [S1] 他的意思是说，不光加法中两个加数交换位置，它的和变不变。 [T] 谁明白他的意思？你说。 [S2] 他的意思就是说，无论加法中有多少个加数，无论怎么颠倒位置，加出来的和都是一样的。 [T] 你说。[S18] 是一样的了吗？孩子，你再给大家说一遍你的想法。大家仔细倾听。 [S18] 如果加数变换位置，它们的和并不变。 [T] 和并不变？你最开始说，如果把这些加数换成不同的加数的话，它们的和还变不变呢？是不是这个意思啊？（**学生摇头**）	**情景描述：**在观察算式 4+(8+6)= 4+(8+6)= 18 的特点后，教师询问学生的猜测。 **教师意图：**在回顾加法交换律的基础上，通过小括号“（）”引出“结合”。 **实际效用：**学生仅围绕“加数”的位置变化来观察“和”的变化情况。教师针对学生看似与教学目标和内容较远的回答，以貌似称赞的评价方式强制拽了回来，实则隔离开学生的作答，强行引回正题，但学生并没有朝着“括号”决定运算顺序的方向思考。这一方面说明教师的问题设置存在问题，另一方面说明教师漠视评价目标，而较多关注教学目标。总体来看，这段评价也是相对低效的。

[时间] 2017 年 10 月 17 日　[课题] 加法结合律　[课型] T　[执教者] A-4-1

同样，在另外一节同课异构公开课“三角形的面积”中，教师在导入环节提出了本节课的主要学习目标和教学重点——三角形面积计算。一经脱口，学生立即给出了将三角形转化成平行四边形的面积，进而推导出其计算公式的方法。这显然与教师预设复习“数格子”的方法存在差异，教师对学生的回答做了评价，并做出了稍后尝试该方法的承诺，然后继续按照自己的教学预设复习数格子的方法。但当教学环节进行到转化成平行四边形进行三角形的面积推导时，教师没有将此方法与［S2］的回答建立有意联结。为了教学的开展，教师对学生的评价“草草了之”，为了复习数格子的方法而复习数格子的方法。这一过程中的评价目标虽未明确言说，但以内隐的方式通过教学得以体现，“看得清”又“摸得真”，通过教师对学生的评价映射出来。在这节课中，教师引导学生回忆已有知识存在“走过场”的嫌疑，学生评价目标是为教学

的顺利开展服务。(课堂实录2)

课堂实录2　教学目标优先

教学片段	研究者注
[T] 好，同学们看着屏幕上的这个流动红旗想一想，我们有什么办法能求出它的面积？我们可以怎样做？你说。 [S2] 我知道。我有一个方法就是，那个红旗不是倒三角吗？再拿一个跟它面积相等的红旗，把它正着放过来，这样就是一个平行四边形的面积。 [T] 哇！ [S] 然后就是正常的底乘高再除以2，就是那个三角形的面积了。 [T] 哇！她马上能联想到把它转化成一个我们以前学过的图形去求，大家觉得这种思路可不可以？有可能是可以实现的，对不对？一会儿我们可以尝试一下。其他同学还有别的想法吗？好，我们在研究面积问题的时候曾经用过很多方法，大家还记不记得？ [S（齐）] 记得。 [T] 在研究长方形和正方形的时候，我们用过什么方法？ [S6] 数格子。 [T] 对，最早的时候，我们用过数格子的方法……	**情景描述：**出示单元主题图三角形流动红旗，并提出计算面积的问题。 **教师意图：**联系探究长方形、正方形面积的计算方法，引出使用数格子的方法探究三角形的面积。 **实际效用：**当学生直接回答通过将两个一模一样的三角形流动红旗拼成一个平行四边形，得出其计算公式时，教师通过表扬的方式肯定了学生的想法，但是学生的思路显然与教师的预设不一致，直接说出了终极做法，教师则强行带学生再次进行已有知识的回忆。

[时间] 2017年10月16日　[课题] 三角形的面积　[课型] T　[执教者] A-5-1

(二) 更多关注师评生，较少关注学生自我评价

随着后现代教育理念与课程观的深入，课堂教学中的师生关系由主客体转换成了师生主体间性。课堂评价中的“主体”，指的是“评价”动作、“评价”行为的发出者。教师作为形成性评价的主体一般表现在三个方面：主动对学生做出评价是形成性评价的主要形式，一般通过教师提问、学生作答、教师反馈进行；引导学生同伴评价；对学生同伴间的评价做出评价。学生作为评价主体主要表现为在教师引导下的同伴评价和主动对同伴做出评价，少数时候是对教师的评价，鲜有学生的自我评价。这与第三章问卷调查中教师引导学生进行自我评价能力水平较高相矛盾。课堂中学生间的互评多数情况下是由教师引导的，少数情况下是学生通过质疑、建议、反问等方式自发进行的。

1. 教师作为评价主体①对学生的评价

(1) 引导学生同伴互评频率较低，且效果不佳

教师将学生同伴互评作为教学的一个重要组成部分，并不是在每一堂课中都会发生，且并不是每一次同伴评价都是有效的。在常规课“两位数乘一位数”的教学中，教师引导学生对同伴的作答进行评价，整个评价过程都是在教师的引导下，[S5] [S6] [S7] 都针对 [S4] 的书写、答句、表达等进行评价，但这一评价过程似有重心偏离的嫌疑。[S4] 对两位数乘一位数的理解和计算显然存在问题，对于十位上的“1”与“3”相乘得到的“3”落在十位上，表示的是“三个十”，并没有深刻理解，学生同伴间的评价很明显地忽略了这一点，教师也没有给予恰当的补充和评价。(课堂实录 3)

课堂实录 3　学生同伴评价相对表面化

教学片段	研究者注
[T] 有没有要补充的，谁能给他补充？钟×，你到前面来。 [S4] 一个人坐太空船需要 12 元吗？那 3 个人坐的话咱们就要用 12 乘 3，之后这是竖式，先用 2 乘 3 等于 6，再用 1 乘 3 等于 3，等于 36 元，之后在这里写答句，分别需要 36 元。 [T] 对他写的内容有没有提建议的？刘××。 [S5] 他写的字我都看不清。 [T] 嗯，再写好看一点，句号补充完整。来，你把答句补充完整，还有没有？杨××。 [S6] 不应该是分别需要 36 元，应该是需要 36 元。 [T]“分别”这个词在这里她觉得不恰当，应该就直接答需要 36 元，有谁同意这种看法？ [S（齐）] 不同意。 [T] 那为什么要把“分别”去掉？你说，秦××。 [S7]“分别”就是每个人需要 36 元，不是 3 个人共需要 36 元。 [T] 反正就是“分别”在这里用得不太恰当，把它擦掉，直接答“需要 36 元”就可以了。还有没有其他建议？这道题做得对不对？	**情景描述：** 3 个人坐太空船需要多少钱？ **教师意图：** 通过解决情境中的问题，讲授计算方法。 **实际效用：** 这节课与“需要多少钱”为同一教学内容，都是在学习整十数乘法后学习两位数乘一位数的计算方法。教学设计以讲授为主，在教学过程中聚焦学生的计算及问题，利用了生生评价，教师直接评价、即时性评价等方法，讲授了用竖式计算两位数乘一位数的方法。

[时间] 2016 年 10 月 28 日　[课题] 两位数乘一位数　[课型] C　[执教者] D-3-4

教师引导学生同伴互评，本意是通过学生间的互动，达到促进学生学习的目标。但就样本的课堂实录而言，在大多数课堂教学中，学生同伴间的评价仍

① 主动对学生做出的评价一般分为对学生个体和集体的评价，这部分内容将放在评价对象部分进行阐述。

停留在表层，缺乏对学习本质的理解。教师也并未借助学生同伴间的交往，深入挖掘其背后的教学意义，学生同伴评价的“评价”意蕴并未达到深层次的功效。在30节课堂实录中，学生同伴间的评价大多是在教师引导下发生的，且评价促进学生教学理解和改进教师教学的功效并未实现。

（2）缺少对学生同伴评价的评价，即元评价能力缺失

在“圆的面积”（教师A-6-1执教）这节公开课中，教师在引导学生初步探究圆的面积的计算方法时，充分利用学生间相互质疑来建议学生做出同伴评价，并在学生同伴评价高潮时，对生生间的评价给予了恰当评价，这一过程中对学生的评价包含了对学生思维方法的评价和对学生情感态度的评价。当然，这节课是观摩形式的公开课，耗时较长，学生的课堂参与程度和热情相对较高。仅就现有的30节课堂实录来看，类似较和谐、舒适的教师引导学生进行同伴评价，并对学生同伴间评价做出评价的片段相对少见。研究者通过观察课堂实录发现，除了少数公开课中教师引导学生同伴进行评价，并能对学生同伴评价进行恰当的评价外，其余课堂教学中，这种评价方式相对较少。这与第三章“建立了良好的学生同伴互评机制”调查中教师的评价能力水平相对较高存在矛盾，在某种程度上说明教师尚不具备元评价能力。

2. 学生较少作为评价主体，尤其是学生自我评价罕见

学生作为主体的评价大多是在教师引导下进行的，学生很少主动要求对同伴进行评价，更为少见的是对教师的评价和自我评价。纵观30节课堂教学实录，无法找到较多的学生主动做出的评价。如果非要说有，那就是学生在课堂中的主动质疑和提问。在六年级“合格率”一课的教学中，学生对算式的列式规则提出疑问，并得到了教师的回复，未出现较多的师生评价行为。（课堂实录4）

课堂实录4　基于列式规则询问的学生主动评价

教学片段	研究者注
[S5] 必须脱式写吗？ [T] 对，脱式写，改过来。你们在外面学的乘以100%不用了，那是最老版教材，现在不用，就是说你这个用百分数表示就可以。这些合格率表示的是一个百分率，也就是合格箱数占总箱数的百分比。听没听明白？错的改过来。	**情景描述：** 学生询问是否使用脱式计算。 **教师意图：** 教师简单回复，并解释现在的计算方法。 **实际效用：** 强调列式规则，解释新旧教材差异。

[时间] 2017年10月　[课题] 合格率　[课型] C　[执教者] J-6-2

在“分数混合运算”第一课时的教学中，学生主动向教师询问知识性问题“比率”和“分率”，说明学生不能很好地理解二者之间的关系，教师简单给了确定性的知识性答复，并没有在学生疑问的基础上恰当地分析二者之间的关系。联系前后教学情境，这段课堂实录看似是学生的提问，实则是学生对教师教学中一些问题的隐性评价。言外之意，教师在授课中并没有讲清楚“比率”和“分率”的内涵。同时，在30节课堂教学实录中，尚未发现学生对自身学习兴趣、学习态度和学习理解等进行评价；教师也较少启发学生对学习过程中的收获、问题、心理状态等进行自我反思和评价，而更多关注的是师评生，这与问卷调查中显示的引导学生自我评价能力水平较高不一致。

（三）学生个体评价缺乏针对性，忽视学生集体评价

从评价对象角度说，就日常听课及对30节课堂实录的分析发现，小学数学教师的评价对象主要是学生个体，且缺乏针对性，不具备个性化特征；对学生集体的评价较少，且大部分集中在对学生课堂纪律的管理和评价上，较少将学生个体评价与集体评价相结合，并在这一过程中由个体评价扩充到集体评价，发挥评价的最佳效用。

1. 学生个体评价缺乏针对性

在30节课中，教师对学生的评价多是针对学生个体的评价，一般通过反馈学生作答、管理课堂纪律、强调学习规范等方式对学生个体做出相应评价。在“需要多少钱”这节课中，教师对学生的评价只有主动对学生个体做出评价、引导学生间进行评价这两种。在其余的教学实录中，师生间的提问、作答、反馈多是针对学生个体的回答情况做评价。有些时候，教师对学生并非直接做出肯定或否定的评价，一般是通过重复、解释、加工、肯定性回答等来对学生的作答表示肯定或否定；有时也通过教师引导、生生不同观点来给予否定的评价，或要求学生优化作答；少数情况下教师不评价学生的作答；有时采用生拉硬拽的方法强行忽略学生的作答，并迅速切换回正题。（课堂实录5）

课堂实录 5 学生个体评价缺乏针对性

教学片段	研究者注
[T] 好，说得不错。谁还想来说一说？你来说。 [S13] 12 乘 3 表示的是 3 个 12 是多少。 [T] 嗯，说得很好。谁还能说一说？你说。 [S14] 表示的是 3 个 12 元一共多少元。 [T] 12 乘 3 表示的是 3 个 12 是多少。它和以前学的乘法有什么不同？ [S15] 以前学的都是单位数和单位数相乘，现在学的是两位数和一位数相乘。 [T] 她说这是两位数和一位数相乘，你们同意吗？	**情景描述：** 师生分析 12×3 与以往算式的差别。 **教师意图：** 教师希望借助观察两个乘数的数位特点引出课题。 **实际效用：** 教师对学生进行了简单的正向、肯定的语言评价，用回忆性提问对学生已有知识水平进行了解。

[时间] 2016 年 10 月 [课题] 需要多少钱 [课型] C [执教者] D-3-2

在常规课“里程表”中，教师对学生的评价更多聚焦在课堂纪律管理上，学生发言的机会与学生课堂纪律、课堂表现息息相关，学生能否回答问题与学生的听课状态有关。但教师前后规则的不一致性值得我们关注，教师既要**“亲手挑”、不是学生举手说了就算**，又要求学生**“主动举手，不要等我叫到你”**。教师对学生在课堂上窃窃私语的管理策略是**“没有资格评价别人”**。（课堂实录 6）

课堂实录 6 评价规则的差异

教学片段	研究者注
[T] 最后一分钟，一分钟之后我就要找同学了。画完的同学坐直了，我下去挑两个。这事儿不是你举手说了就算，我要自己挑，亲手挑，想被选中就坐直了啊。 [S13] 老师。 [T] 我说了，什么样的同学会被选中。 [T] 非常好啊，何××（[S14]）听课很认真，其他同学有些溜号啊。往这儿瞅，如果你没溜号，那我说的这件事你应该一下子就能答出来。何××坐。通过画图，我们能从图中发现什么呢？北京到石家庄的里程数减去北京到保定的里程数。**（停顿）** [T] 今天不安静，废话说得多，正经话说得少。 [S16] 我这个是北京到郑州的里程数 681 千米。 [T] 停。有人说话，李××（[S16]），有人说话咱不说了啊。还有，在底下的同学，你没有资格评价别人，我给你时间，有疑问一会儿问，听见没？ [T] 好了，我找一名同学，我希望主动举手，不要等我叫你。到前面来，拿着你的图还有你的算式，来给大家讲一下你的图还有你的算式是什么意思。李××。先看一下他的图啊。好了，往前看，说吧。	**情景描述：** 前半部分是引导学生根据问题画线路图，后半部分是展示画图和计算结果，并作解释和说明。 **教师意图：** 通过引导学生画图明晰数量关系，同时也便于计算。 **实际效用：** 在整节课中，对学生的评价大部分都用在课堂习惯和纪律上；课堂纪律与学生能否获得发言机会相关联；教师在针对性地表扬一个同学的时候，指出某些个体存在的问题；同时，教师在课堂上的规则具有不一致性。

[时间] 2016 年 9 月 [课题] 里程表 [课型] C [执教者] D-3-1

2. 相对忽视对学生集体的评价

在30节课中，教师对学生的评价多是针对学生个体的评价，较少针对学生群体（全体和部分群体）的评价。在常规课“整十数除以一位数”这节课中，教师对学生评价的精力都花在维持课堂纪律上，教师对学生的评价与班级的评价规则相结合（小组扣1分），且本节课中因教师维持课堂秩序出现了短暂性中断和对学生作答的延时性评价。值得一提的是，在D、J两校长期听课的过程中，研究者发现，教师日常教学中很大一部分时间和精力都被用来进行课堂纪律管理，这种情况在低年级尤为明显。（课堂实录7）

课堂实录7 学生集体的课堂纪律评价

教学片段	研究者注
[T] 没听懂？谁能讲明白这道题为什么用除法啊？ [S16] 因为有160颗白菜，每次运走8颗，除以8是把它给一次除掉的，这样就能算出一共要运几次。 [T] 除法是由减法得到的，因为每次都去掉8颗，对不对？对不对？这道题实际上是求……坐直坐正，手里摆弄东西的赶紧放下！赶紧都放下！需要我点名吗？…… [S（部分）] 不用…… [T] 好，实际上这道题是求什么啊？刚才张××已经说得很到位了，你能不能更进一步努力呢？这道题是要我们求什么呢？是把160分成8份吗？来，张××你自己总结吧。 [S16] 需要运多少次的话就是说160里面有几个8。 [T] 很好，请坐。实际上这道题就是要求160里面有几个8，对不对？ [S（部分）] 对。 [T] 有一个8运1次，有两个8呢？ [S（部分）] 运两次。 [T] 运两次。小组扣1分。因为要想知道160里面有几个8，所以我们才用除法计算，160除以8对吧？等于多少？ [S（部分）] 20。 [T] 需要20次，不错。所有人，都是这么想的请举手，好，请放下。“16”表示的是什么？举手回答。用160除以8，那“16”在这个160里边表示什么？你说。 [S19] “16”表示的是16个10。 [T] 16个10，那不看这个0的话，就表示16个10对吧？16个10去除以8，等于？ [S（齐）] 两个10。 [T] 两个10就是？ [S（齐）] 20。 [T] 好，谁还能再说一遍？怎么得到20？怎么得到的20？你说？ [S20] 就是16个10除以8等于两个10，就是20。	**情景描述：** 第二幅，山羊伯伯运白菜的主题图。 **教师意图：** 理解减法与除法的关系，学会计算整十数除以一位数。 **实际效用：** 教师对学生进行课堂管理，出现了对S16的延时性评价；在这一过程中侧重对纪律的强调，同时结合班级管理的规则，做出了小组扣分的决定；多次重复计算过程，使得每位学生都能复述，过程中又强调了纪律。

[时间] 2016年10月22日　[课题] 整十数除以一位数　[课型] C　[执教者] D-3-3

在30节课堂实录中，出现了两次针对学生集体学习的评价。因职称评聘等需要，教师J-6-1以六年级教师的身份参与五年级组区级名师同课异构教学比赛。在这节公开课中，J-6-1有1次针对班级学生集体计算基础、计算技巧的评价。在另外一节同课异构公开课“加法结合律”中，教师在复习导入环节也有对学生集体已有知识掌握情况的评价：“可以看出咱们同学对加法交换律掌握得非常好，那么我们今天就来学习加法当中的另外一种运算定律。”(T-A-4-5)

(四) 关注知识与技能、过程与方法的评价，缺少针对学生情感态度价值观的评价

评价内容一般在制定评价方案时会有所涉及，但不会特别细致地加以表述，在每节课的教学预设中会有不同程度的显现。所谓评价内容就是“评什么”。按照课程标准中三维目标的表述，评价内容一般分为三个部分：针对学生知识、技能的评价，针对学生学习过程与方法的评价，聚焦学生情感态度与价值观的评价。在实际教学中，对这三维的理解和侧重，在一定程度上反映了教师的评价能力。

1. 聚焦学生知识掌握的正确性，忽视知识应用能力的评价

教师通过考查学生对已有知识回忆和识记的正确性，来评价学生的知识掌握情况。教师引导学生回忆已有知识，企图唤醒学生的基本经验，建立新旧知识间的联系，以实现借助原有知识学习新知识的目的。但无论是在公开课上，还是在常规课中，教师对学生已有知识的评价要么聚焦在对知识的准确记忆上，要么仅关注其掌握知识的正确与否，而缺少对学生知识应用能力的评价。在同课异构公开课“加法结合律”第五节中，教师通过复习加法交换律引入加法结合律，但对加法交换律的复习，并没有涉及学生对加法交换律的深入理解和进一步应用。(课堂实录8)

课堂实录8 聚焦知识正确性的评价

教学片段	研究者注
[T] 有没有不同意见，或者想说不同看法的？你来说。 [S3] 两个加数交换位置和不变就是加法交换律。 [T] 听明白了吗？说得不够完整，再说一遍。(示意S2) [S2] 两个加数交换位置，和不变就是加法交换律。 [T] 好，坐。给他点掌声！(全班鼓掌) 好，找一位同学用字母表示一下，后边的同学，那位个子最高的女同学。 [S4] 就是先写一个“$a+b$”再写一个等号，等于$b+a$，这就是用字母表示的加法交换律。 [T] (板书) 你们同意吗？ [S (齐)] 同意。 [T] 看来啊，咱们同学对加法交换律掌握得非常好！	**情景描述：**导入环节复习加法交换律。 **教师意图：**通过复习加法交换律引出加法结合律。 **实际效用：**教师通过对学生个体已有知识掌握情况的即时、鼓励性评价，结合引导学生同伴间的评价，完成对学生已有相关知识的评价。

[时间] 2017年10月 [课题] 加法结合律 [课型] T [执教者] A-4-5

对学生知识理解程度及知识应用能力的评价，会直接影响学生后续的学习。前面对学生已有知识评价的不到位，导致后续在对加法结合律公式进行字母表示时，学生将加法交换律与加法结合律混用，没有真正理解“结合”加数的目的，与其不理解“交换”加数的目的一样。在教师的启发下，[S26] 始终没有能够用字母正确表示加法结合律。由于是公开课，教师并未在这一关键点停留过长时间，而是借助本节课频繁发言的 [S2] (公开发言3次) 的“反驳”和 [S3] (公开发言4次) 的“帮腔”得以解决，按照教师的预设用“$a+b+c=a+(b+c)$”表示出了加法结合律。(课堂实录9)

课堂实录9 忽视学生知识应用能力的评价

教学片段	研究者注
[T] 在前面学习加法交换律的时候，我们用字母表示出加法交换律，你能用字母表示出加法结合律吗？老师发给你的题卡第二张上面有你写的位置，快速把它写出来。 [S26] 我是这样写的：$(a+b)+c=c+(b+a)$。 [T] 嗯。 [S26] 它们的字母都一样，就是位置交换了一下。 [T] 哦，字母都一样，就是位置交换了一下。他说加法结合律可以这样表示出来，你们有不同意见吗？你们认为他的理解可以吗？你说说。 [S6] 就是位置交换了但是和必须得一样。 [T] 哦，和必须得一样。你们看，他这里和不一样吗？a加b再加上c，然后与c加上b和a的和，结果不一样吗？	**情景描述：**用字母表示加法结合律。 **教师意图：**通过复习加法交换律的字母表达式。学习加法结合律的字母表达式 **实际效用：**教师通过点头、肯定、解释性话语等对学生的作答进行评价，没有对学生的错误理解进行即时性评价。

[时间] 2017年10月 [课题] 加法结合律 [课型] T [执教者] A-4-5

2. 学习过程与方法的评价流于形式

教师需借助师生间互动及学生问题解决等，做出关于学生学习过程与方法的评价。在“圆的认识”习题课中，教师整合了单元测试和教科书中关于阴影图形周长、面积的习题，期待通过归纳总结出类似题目的计算方法。在教师讲题和学生答题的过程中，教师把对学生学习过程与方法、解题技巧与思维的评价放在了最后，而不是放在题目分析过程中。[S14] 在回答问题过程中没有具体思路，教师没有评价其思维过程，转而换了一个学生继续作答。（课堂实录 10）

课堂实录 10　学习过程与方法的评价流于形式

教学片段	研究者注
[T] 做完的同学想一下，如果我要求这个阴影部分的周长，那么这个周长是什么？在书上画一画，阴影部分的周长，×××，你说说。 [S14] 就是那个，阴影部分的周长就是 9×…… [T] 你不用说具体数字，我就问你阴影部分的周长。 [S14] 面积…… [T] 求周长还需要面积吗？好，你坐。请一个同学上来画一下。 [S15] 正方形的周长加一个圆的周长。 [T] 对不对？大点声。 [S15] 就是……就是这个圆的周长加正方形的周长。 [T] 就是这个圆的周长加这个正方形的周长，对不对呀？ [S16] 老师，您刚才说的这个图形，我觉得好像是 4 个图形。 [T] 它中间是连着的，这有个切点。 [S16] 正方形已经到达圆的边缘了。 [T] 也就是把这个阴影部分分成 4 个部分呗？ [S16] 这应该是 4 个图形，问的是一个图形。 [T] 那我把这 4 个阴影看成一个整体不可以吗？你算的时候不也是要连在一起的吗？愿意挑字眼儿的，我是数学老师，没意思，没啥含量。	**情景描述：** 计算阴影部分的周长。 **教师意图：** 通过寻找关系，借助圆和正方形的周长求阴影部分的周长。 **实际效用：** 教师通过否定、反问、强调等方式关注课堂纪律和学生作答音量。教师整节课反问的语气较多。教师对学生的质疑予以反问，表示不同意学生的看法。亦即，作出了否定性评价。

[时间] 2017 年 09 月　[课题] 圆的认识（二）　[课型] C　[执教者] J-6-2

教师对学生学习方法的评价缺乏针对性，会导致错失教学时机。在面积计算公式的应用中，教师关注学生运用公式进行计算的能力，但对学生的公式理解、变式应用等关注不够，导致学生出现死记硬背计算公式的现象。教师在扩充学生知识的同时，忽视了对学生学习方法的关注，对一名没有完全按照其要求记录环形面积计算公式的男同学进行了“评价”，并将是否对学生进行知识拓展与其表现相关联。这种现象在常规课中比较常见，无论教师对学生的知识

扩容是出于何种目的，在教学中将教与学如此关联，都需要对其成因及后续发展进行深入剖析。(课堂实录 11)

课堂实录 11　不恰当的学习方法评价

教学片段	研究者注
[T] 环形的面积应该怎么算？ [S6] 大圆面积减小圆面积。 [T] 大圆的面积怎么算？　[S6] 等于 $2\pi R$。 [T] 面积。　[S6] πR 的平方。 [T] 大点声。　[S6] πR 的平方。 [T] πR 的平方，接着……　[S6] 减去 πr 的平方。 [T] 然后呢？　[S6] 提取公因数。 [T] 提取谁？　[S6] 提取 π。 [T] 那就变成了 π 乘以 R 的平方和 r 的平方的差，这就是环形的面积公式。有些同学说这样记，记不下来。你不要死记硬背，我们就记住环形的面积就是大圆的面积减去小圆的面积。那么在计算的过程中一定要想着把 π 提取出来，好了，把这个公式写在 17 页圆环面积旁边……（写哪儿了？大哥，我写那么多，你就写个大圆减小圆，你可够懒的。我跟你说，看你们表现啊，你要是表现不好，我就不往里面加东西了，加了你也不听，我还怪累的。）	**情景描述：** 求环形的面积。 **教师意图：** 通过寻找环形面积与大圆、小圆面积间的关系，推导环形面积的计算公式。 **实际效用：** 教师通过与学生的问答来完成教学，通过重复、反问、解释、延伸来对学生的回答做出肯定的评价。但值得关注的是，在对新旧教材及面积计算公式进行补充后，教师对一位男同学不参与课堂活动的评价，以及根据学生的表现来决定教学内容延伸范围和广度的做法。这时教师是在寻求一种情感和心理上的平衡；但从教学上讲，显然这种行为的适切性有待商榷。

[时间] 2017 年 09 月　[课题] 圆的认识（二）　[课型] C　[执教者] J-6-2

3. 学生情感态度价值观的评价相对弱化

在课堂教学中，教师对学生情感、态度、价值观的评价常常与知识、技能的评价融合在一起，一般针对学生学习态度、学生间交往、他人评价等。在公开课中，教师对学生情感态度价值观的评价较多。如在公开课“需要多少钱”中，在本节课的开始，教师借助采访学生在陌生环境中的心情来拉近与学生的心理距离，通过对学生情绪的评价与引导，营造出师生间互相信任、充满安全感的心理氛围。

在另外一节公开课“可能性”中，教师将对学生情感态度的评价融入摸球游戏，希望借助摸球游戏设置中奖环节，以带动学生参与课堂的热情。但在课堂教学中，很多学生都知道教师在箱子中放的都是黄球，当摸到黄球中奖时，没有显得很兴奋；教师又引导学生通过提高声音来表达自己的兴奋情绪，但学生的声音虽然提高了，其兴奋程度并没有任何改变。这种针对学生情感的评价，并没有真正关注到学生学习过程中真正的情感体验，显然是为满足公开

课中“活跃气氛的需要”而设立的。常规课中学生情感态度价值观的评价，尤其缺失和不恰当。（课堂实录 12）

课堂实录 12　牵强的情感评价

教学片段	研究者注
[师] 女生，你来摸，大声告诉同学们？ [S26] 我中奖了。 [师] 嗯，开心吗？ [S26] 还行。 [师] 还行，不够兴奋。我找一个特别兴奋的，来，你试试…… [S27] 我中奖了！ [师] 你中奖了！来来。 [S28] 我中奖了。 [师] 你中奖了！	**情景描述：** 摸球游戏。 **教师意图：** 通过摸球感受中奖的喜悦，能否摸中与箱子中球的颜色和数量的关系。 **实际效用：** 教师希望学生通过声音的高低表达心情，但是实际上课堂的情况是学生并没有真的很兴奋。

[时间] 2016 年 9 月　[课题] 可能性　[课型] G　[执教者] A-3-1

（五）教师的评价语言呈两极分化趋势

评价语言一般是指教师评价学生的提问、任务完成情况、学习状态等时使用的语言的总称。评价语言一般可分为积极的、肯定的评价语，消极的、否定的评价语，还有不对学生的语言、行为做出明确判断的中立性评价语。评价语言因其适用的情形、所针对的评价内容发挥不同的作用。课堂中教师的评价语言主要与学生声音是否洪亮、书写是否规范、语言表达是否完整、课堂纪律是否规范等有关。

1. 表扬式评价语言：恰到好处与形式单一

随着基础教育课程改革的不断深化和拓展，课堂教学也发生了诸多变化。在课堂教学中，教师一般能恰当地对学生做出表扬性评价，其表扬的话语在多数情况下具有明显的针对性，并能激发学生深入思考和取得进步；教师通过表扬、激励的方式对学生的作答等行为做出肯定或否定的评价，在此基础上引导学生优化作答并改正错误。通过对比发现，在公开课中，教师对学生的评价语言使用恰到好处，相对更具针对性，更加丰富多样，能够唤醒学生的情感认同。而在常规课中，有些教师的表扬性评价语言就相对单一，集中在“非常好”“非常棒”“真好”“非常了不起”“真不错”“非常清楚”等层面；部分情况下，教师的表扬性评价只是为了完成某种特定目的而缺少针对性。（表 4-1）

表 4-1 表扬式评价语言摘录

公开课评价语言	常规课评价语言
• “老师建议大家，只要表示出你的思路和方法就可以了。实际上对待这么一个困难的问题，你有方法，甚至你说你能大概得到圆的面积，你就已经很了不起了！**但如果你还能对你自己的方法评价一下，有什么优点，有什么不足，那是不是就更了不起了？**”“好几个同学都想到把正方形和圆联系起来，把圆看作正方形，这个想法特别有创意！”（G/A-6-1） • “这个女孩子读的**声音不仅洪亮而且还非常清晰**。真好，表扬她。”“真好……**你们不但善于观察，还能够善于回答问题，善于倾听其他同学的回答，而且引发自己的思考**。**你们很棒**！特别了不起。”（T/A-4-1） • “你说得太好了，**太完整了**，问题回答得真棒。**我很欣赏**！老师发现咱班同学口算练得特别好，而且**特别稳**、**特别准**。”（T/A-5-1） • “**讲到我心里去了**，非常好。”“我第一听见你的声音，反应特别快。**我就喜欢与众不同的声音**。”（T/A-5-6）	▪ “**说得非常好**。”“表扬［S17］。”“好，其实［S24］**说得非常好**。”“其实**说得非常明白**。”“对，**说得特别好**。”“对，这个**非常好**，简洁明了。”“**非常好**。”“这次她讲得明不明白。**非常明白**，掌声送给她。” ▪ “说得比较好，但是不够准确。”（C/J-6-2） ▪ “嗯，**非常好**。她俩确实是听明白了，她俩确实是对这个问题有思路了。”“太好了，真棒！” “**她这招也很好**，明明数到 21，21 之后她近似看成了 20，竖着数出来 9，为了计算方便，近似看成了 10。可以，**非常棒**！谁和她的方法是类似的？总的来说是一行一竖，很好。”“这种方法特别棒！”（C/D-4-1） ▪ “你这个厉害啦！”（C/J-4-1）“好，明显今天写的比昨天写的有进步了，工整规范啊。”（C/J-4-1）“是吗？**非常棒**！”“你今天发言的声音比较大了，给他以掌声。”（C/J-4-1） ▪ “很好，我把它写下来。”（C/D-4-3）

［注］所有评价语言均来自课堂实录，“（）”中的字母表示具体某节课，详细可查询表 0-4。

2. 批评式评价语言：过犹不及

即时、合理、恰当的批评语言能从教师的视角提醒学生注意自己的不恰当言行，在很多特殊场合，教师若能客观、公正、恰当地对学生的不当或错误行为做出回应甚至批评，往往可以发挥批评原有的功能和作用。通过分析 30 节课堂教学视频发现，常规课中教师对学生的批评式语言较多，且一般相对集中在对学生课堂纪律的管理上；公开课中教师的批评式语言较少，且公开课中对学生的否定性评价语言，常常是在肯定学生某一行为基础上的否定，随之而来的是对学生不恰当做法的纠正性、改进性、完善性提醒与指导。

表 4-2 中摘录的批评式课堂评价语言，主要出自常规课中教师的评价语言，教师在常规课中的批评式语言主要针对学生个体，采取即时点名的方式进行，且主要针对学生纪律、听课状态、任务完成情况、学生间交往等。在这一

过程中，教师对学生的批评常常是借助直接的批评言语，同时结合班级中的个人、小组加扣分制度，有时还会辅以课下约谈、找家长等“措施”。这些评价语言一般是祈使句、感叹句、反问句和命令式话语。30 节课中，有 1 节课上教师要求学生罚站，其余课中并未出现此行为。这节课中的批评式评价语言，有很多是不恰当甚至是过犹不及的，由此呈现出的相对“评价权威”值得关注。

表 4-2　批评式评价语言摘录

序号	批评式评价语言
1	“今天不安静，废话说得多，正经话说得少。”（C/D-3-1）
2	“停，有人说话。李××（S16），有人说话咱不说了啊。还有，在底下的同学，**你没有资格评价别人，我给你时间**，有疑问一会儿问，听见没？”（C/D-3-1）
3	“别叨咕，坐那。”（C/D-3-1）
4	“别再说话了，今天发现有些同学不太守纪律啊，不太守纪律，不能随便说话，不能随便说话，**你已经在我这画名单了，下课我要来找你啊**。”（C/D-3-3）
5	“声音发自后面，说话的同学会影响其他同学学习。”（C/J-4-1）
6	“你没写完啊？别人别说话。”（C/J-4-1）
7	“有的人没思考，总以为我不会点你。”（C/D-4-2）
8	**“你看你又跟我，说，你想让我干嘛？我能给你买啊？还是上课能给你修？你带的时候不带一个好使的？你一遍一遍地说，你以为全班只有你自己呀？你怎么回事？** 这是谁的呀？借着用用呗，你咋回事儿？都没有？”（C/D-4-4）
9	“×××，为什么？**手算慢，计算机算还慢呢！XXX，你知不知道我让你干嘛？** 来，×××（另一个学生）下一题。”（C/D-4-4）
10	“坐下！没写干吗呀？因为啥呀？你俩下课来找我啊。来，看下一题……”（C/D-4-4）
11	“我以为是特别大的事儿，这事都让我瞧不起你了，四年级都是小男子汉了，斤斤计较，小肚鸡肠，**有一个算一个，你以为你俩谁是好东西呀！**”
12	“把那个笔头扔了！……**XXX，你来晚了还不听课？**”（C/J-5-1）
13	“我让你说话了吗？”（C/J-5-1）
14	“闭嘴！今天的作业是练习册的十七、十八，往后翻，把练习册翻到 19 页，19 页的第八题，找个同学读一下，**XXX爱白话的，来，给你个机会，读题……**”
15	“××，你干啥呢？你总有理由，你不会坐着吗？怎么坐着？坐正了，我已经提醒你了对不对？**如果你下周还这样，我叫你家长来啊！**”（C/J-6-2）

续表

序号	批评式评价语言
16	“好，你俩先坐，下次不能在底下说悄悄话了……”（C/J-6-1）
17	“来，坐直、坐正，抬头，（看）这儿！那个小女孩，你再不抬头我就点你名了，抬头往前看。”（C/D-3-3）
18	“刘老师讲题不听！忙乎什么！”（C/J-4-1）

［注］所有语言均来自课堂教学实录，“（）”中的字母表示具体某节课，详细可查询表 0-4。

3. 对比式评价语言：有待商榷

除表扬、批评式评价语言外，还有少量对比式评价语言。这类评价语言一般旨在肯定某个或某类行为，而提醒、批评另一个或另一类行为，主要是针对学生参与课堂的学习态度、习惯、纪律等。教师的对比式评价语言，一般是表面上表扬一部分学生，实际上是在批评另一部分学生；或直接表扬一部分、批评另一部分，做出明确对比。常规课中类似对比式评价语言相对较多，公开课中尚未发现，且常规课中除有些评价语言不恰当外，大部分评价语言的原始目的仍是希望学生在态度、习惯、纪律上有所改善。（表 4-3）

此外，碍于各种因素的影响，在课堂形成性评价中，教师在对学生进行提问时，对不同性别学生的提问次数存在某些差异。但这一点能否代表教师在提问、评价过程中的性别偏见还有待进一步论证。

表 4-3 对比式评价语言摘录

序号	对比式评价语言
1	“非常好，[S14] **听课很认真，其他同学有些溜号啊**。往这儿瞅，如果你没溜号，那我说的这件事你应该一下就能答出来。”（C/D-3-1）
2	“你怎么算出来等于 30 的呢？往前看，看谁看得最认真，往这里看（敲黑板），王××。”（C/D-3-3）
3	**“好，表扬中间这大组**，特别认真。”（C/D-3-3）
4	“坐直，别说话。刚刚强调了，现在有 10 个人坐好了，写完的同学用姿势告诉我，好，**表扬××，棒（竖大拇指），真棒！** 知道自己应该怎么坐，什么样的坐姿是最正确的，最漂亮的。写完的抬头啊。好了，所有人停笔，停笔坐正，1，2，3，停笔坐正，停笔坐正（走到提示身前提示个别学生），所有人停笔坐正啊。有些同学比老师倔，**我说话你听没听见（弯腰问第一排的男同学）？以后你这样坐要让你的小组扣分了啊**，抬头，往前看啊……”（C/D-3-3）

续表

序号	对比式评价语言
5	“非常好。最后一道，最后一道谁想来？来，抬头认真听啊，**有几个孩子不注意啊**。抬头挺胸背靠在凳子上，眼睛往前看，**我表扬，表扬你**，跟着老师说的话调整自己的坐姿。小组扣5分啊。嗯，说吧。”（C/D-3-3）
6	“等一会儿就填完了。后背挺直写字，**姿势最好的是董××、范××**，坐直写。**有的同学非常快**。”（C/J-4-1）
7	**“前两排的没声，是第四排有声。”**（C/J-4-1）
8	**“表扬动作快而且安静的小朋友。3组做到了，3组很棒！”**（C/D-4-3）
9	“全体坐好。我特别喜欢积极动脑思考问题的同学，但是这堂课，我刚才往下看的时候，**尤其这边有那么三五个同学没有认真看黑板，看大屏幕。**”（C/D-4-3）
10	**“你看后边的同学特别棒，安安静静地举手，没有打断别人的思路。”**（C/D-4-3）
11	**“××啊，今天说你几遍了？人家×××都长记性了！**来看第二题。”（C/J-5-1）

［注］所有语言均来自课堂教学实录，“（）”中的字母表示具体某节课，详细可查询表0-4。

常规课中，教师的提问次数相对较少，学生以集体形式发言的次数相对较多。总体来看，在常规课中男生发言次数的比重（26.13%）大于女生发言次数的比重（15.56%），学生总体发言次数所占比重高达58.31%。“平移和轴对称”及“圆的认识（二）”是习题课，学生总体发言次数较多。公开课中，教师的提问基本都得到了学生的应答，男生发言总次数的比重（38.99%）高于女生发言总次数的比重（22.20%），学生总体发言次数的比重为37.71%。但在课堂教学中，教师对学生集体的评价相对较少，一般都是教学顺利进行中的反馈行为，这一现象值得进一步关注。总体上看，无论是在公开课中还是在常规课中，男生发言的次数和比重都高于女生发言次数和比重。（表4-4，表4-5）

表4-4　常规课学生发言次数统计表

序号	课题	教师总提问次数	学生总发言次数	无应答次数	全体发言次数	男生发言次数	女生发言次数
1	里程表	81	81	0	25	38	18
			100.00%	0.00%	30.86%	46.91%	22.22%
2	整十数除以一位数	141	139	2	81	29	29
			98.58%	1.44%	58.27%	20.86%	20.86%

续表

序号	课题	教师总提问次数	学生总发言次数	无应答次数	全体发言次数	男生发言次数	女生发言次数
3	两位数乘一位数	45	43	2	17	18	8
			95.56%	4.65%	39.53%	41.86%	18.60%
4	有多少名观众	47	43	4	24	12	7
			91.49%	9.30%	55.81%	27.91%	16.28%
5	乘法结合律	60	60	0	31	15	14
			100.00%	0.00%	51.67%	25.00%	23.33%
6	参观花圃	52	51	1	22	19	10
			98.08%	1.96%	43.14%	37.25%	19.61%
7	买文具	69	68	1	23	23	22
			98.55%	1.47%	33.82%	33.82%	32.35%
8	神奇的计算工具	69	69	0	44	17	8
			100.00%	0.00%	63.77%	24.64%	11.59%
9	除得尽吗?	52	52	0	43	8	1
			100.00%	0.00%	82.69%	15.38%	1.92%
10	平移和轴对称	26	25	1	25	0	0
			96.15%	4.00%	100.00%	0.00%	0.00%
11	分数混合运算 1	126	126	0	102	9	15
			100.00%	0.00%	80.95%	7.14%	11.90%
12	分数混合运算 2	56	56	0	30	20	6
			100.00%	0.00%	53.57%	35.71%	10.71%
13	合格率	85	83	2	35	34	14
			97.65%	2.41%	42.17%	40.96%	16.87%
14	合格率	70	69	1	33	26	10
			98.57%	1.45%	47.83%	37.68%	14.49%
15	圆的认识（二）	68	67	1	44	13	10
			98.53%	1.49%	65.67%	19.40%	14.93%
16	这月我当家	93	93	0	77	13	3
			100.00%	0.00%	82.80%	13.98%	3.23%
总计		1140	1125	15	656	294	175
			98.68%	1.33%	58.31%	26.13%	15.56%

表 4-5　公开课学生发言次数统计表

序号	课题	教师总提问次数	学生总发言次数	无应答次数	全体发言次数	男生发言次数	女生发言次数
17	需要多少钱	112	112	0	40	38	34
			100.00%	0.00%	35.71%	33.93%	30.36%
18	可能性	86	86	0	14	48	24
			100.00%	0.00%	16.28%	55.81%	27.91%
19	圆的面积	68	68	0	16	39	13
			100.00%	0.00%	23.53%	57.35%	19.12%
20	百分数	78	78	0	14	48	16
			100.00%	0.00%	17.95%	61.54%	20.51%
21	加法结合律 1	98	97	1	38	32	27
			98.98%	1.02%	38.78%	32.65%	27.55%
22	加法结合律 3	59	59	0	26	21	12
			100.00%	0.00%	44.07%	35.59%	20.34%
23	加法结合律 4	78	78	0	26	36	16
			100.00%	0.00%	33.33%	46.15%	20.51%
24	加法结合律 5	88	87	1	40	30	17
			98.86%	1.14%	45.45%	34.09%	19.32%
25	三角形的面积 1	80	78	2	37	13	28
			97.50%	2.50%	46.25%	16.25%	35.00%
26	三角形的面积 2	68	65	3	24	32	9
			95.59%	4.41%	35.29%	47.06%	13.24%
27	三角形的面积 3	73	72	1	15	42	15
			98.63%	1.37%	20.55%	57.53%	20.55%
28	三角形的面积 4	52	52	0	24	18	10
			100.00%	0.00%	46.15%	34.62%	19.23%
29	三角形的面积 5	88	84	4	56	15	13
			95.45%	4.55%	63.64%	17.05%	14.77%
30	三角形的面积 6	62	62	0	41	13	8
			100.00%	0.00%	66.13%	20.97%	12.90%
总　计		1090	1078	12	411	425	242
			98.90%	1.10%	37.71%	38.99%	22.20%

二、小学数学教师总结性评价能力的实践样态

在日常教学中，教师常常通过练习、作业、试卷等方式对学生进行总结性评价，这些方式的主要目标在于明晰学生对数学知识的理解、掌握与运用情况，一般通过填空、选择、计算、问题解决、附加题等题型呈现。本研究中对小学数学教师总结性评价能力的考察，是通过分析学生同步练习、试卷中教师的评价角色与行为进行的，主要从各类作业中题目的来源、教师的评阅方式、学生的改错方式、家长的审阅方式等，来考察教师评价能力的发挥及效果（表 4-6）。本研究选取 D、J 两所学校 6 个年级共计 24 位小学数学教师、34 位学生的练习和试卷（表 4-7，表 4-8），针对学生同步练习、试卷评价中每位教师所展现的评价能力进行分析。

表 4-6　小学数学教师总结性评价能力观测点

<table>
<tr><th rowspan="3">作品类型</th><th colspan="3" rowspan="2">题目来源</th><th colspan="3" rowspan="2">教师评阅</th><th colspan="2" rowspan="2">学生改错</th><th colspan="3">家长审阅</th><th rowspan="3">备注（试卷分析等）</th></tr>
<tr><th colspan="2">有</th><th rowspan="2">无</th></tr>
<tr><th>订阅</th><th>统一命题</th><th>自主命题</th><th>分数</th><th>等级</th><th>评语</th><th>原题改</th><th>重新改</th><th>签字</th><th>评语</th></tr>
<tr><td>同步试卷</td><td></td><td></td><td></td><td></td><td></td><td></td><td></td><td></td><td></td><td></td><td></td><td></td></tr>
</table>

（一）各类试题均非教师独立自主命制

D、J 两校的同步练习均为学校统一订阅的与人教版小学数学教科书配套的练习。教学任务结束后，教师给学生布置自行完成配套练习的任务，借助配套练习来检测学生每日、每单元对所学知识内容的掌握情况。有时为了保证学生的完成率和正确率，要将部分习题的关键点与难点在校内进行点拨和讲解。

D 校小学数学各年级试卷均由教研组统一命题，单元测试试卷由所在年级组教师轮流命制，同时给出标准答案和评分标准；试题由教研组长审核，教研组长组织教研组同年级数学教师试做试题，对试卷的科学性和难易程度做出评价，而后交由学校试题印制中心统一印制，每个年级选择固定时间统一进行单元测试。期中、期末考试一般是由所在行政区教育部门统一安排进行，学生成绩也采取统一评阅方式，或网评或现场评阅，根据每次考试安排存在差异。在这一过程中，

教师承担的角色和任务主要是参与组织考试、试卷讲评与质量分析。

J 校小学数学各年级学生试卷来自教研组统一采购的各年级相应练习资料，在各单元的教学结束后，教师复印练习中对应的单元测试内容对学生进行检测，各单元测试时间由教师自行把控。J 小学数学教师是语、数双科教师，同时还是所在班级的班主任。在这一过程中，教师的主要作用是组织学生测试，依据评分标准评阅试卷、讲评试卷。

表 4-7 学生试卷评价方式一览表

教师编号	题目来源	教师评阅	学生改错	家长审阅	备 注
D-1-1	统一命题	分 数	原题改	无	试卷分析
D-2-1	统一命题	分 数	原题改	签字+评语	试卷分析
D-3-3	统一命题	分 数	原题改	签字	试卷分析
D-4-2	统一命题	分数+评语	重新改	签字+评语	试卷分析
D-5-1	统一命题	分 数	原题改	签字	试卷分析
D-6-1	统一命题	分 数	重新改	无	试卷分析
J-1-1	订 阅	分 数	原题改	无	无试卷分析
J-2-1	订 阅	分 数	原题改	无	无试卷分析
J-3-1	订 阅	分 数	原题改	无	无试卷分析
J-4-1	订 阅	分 数	原题改	无	无试卷分析
J-5-1	订 阅	分 数	原题改	无	无试卷分析
J-6-1	订 阅	分 数	原题改	无	无试卷分析

表 4-8 学生同步练习评价方式一览表

教师编号	题目来源	教师评阅	学生改错	家长审阅	备 注
D-1-1	订 阅	等 级	原题改	无	
D-2-1	订 阅	等 级	原题改	签字	
D-3-3	订 阅	等 级	原题改	无	少量评语
D-4-2	订 阅	等 级	原题改	签字+评语	个性化方式
D-5-1	订 阅	等 级	原题改	签字	
D-6-1	订 阅	等 级	原题改	无	

续表

教师编号	题目来源	教师评阅	学生改错	家长审阅	备　注
J-1-1	订　阅	等级+评语	原题改	无	
J-2-1	订　阅	等级+评语	原题改	无	
J-3-1	订　阅	等级+评语	原题改	无	
J-4-1	订　阅	等级+评语	原题改	无	
J-5-1	订　阅	等级+评语	原题改	无	
J-6-1	订　阅	等级+评语	原题改	无	

（二）对练习采取等级制评价，对试卷采取分数制评价

D、J 两校 24 位小学数学教师对学生的同步练习均采取等级评价的方式，对学生的练习完成情况从书写、准确率、完成率等角度给予“优（优+/优上、优、优-/优下）”“良（良+/良上、良、良-/良下）”的等级评价，有的教师还采用字母“A”“B”“C”进行等级评价。教师对学生练习的等级评价一般以逐题批阅和整体批阅相结合的方式进行，在等级下标注批阅日期。

D 校单元测试结束后，年级组教师统一在教研室根据试题参考答案进行分题、匿名评阅。在此后的一段时间内（一般为 1 周），教师根据教学任务安排讲评试卷，主要聚焦在试卷讲解、学生成绩分析、学生答疑等环节。

教师要求学生对试卷进行修改，并指定学生对本次测试的学生成绩进行记录，同时针对任教班级学生成绩和试卷进行质量分析。年级组、教研组在集体备课等时间组织本学科教师进行单元测试质量分析，并在年级组范围内进行汇报和分析。期中、期末测试的程序与单元测试程序大体一致，除试题是由主管部门统一命制外。D 校试卷分析一般包括个人分析、年组交流、全校汇报等环节。质量分析一般分为两部分：一部分是数据统计，主要包括各教师任教班级参加测试的学生在各分数段的人数及比率、学生平均分、附加题平均分、优秀率、及格率、年级组总体名次；另一部分一般包括此次测试的优点和原因分析，问题及其改进措施两部分。在试卷评价过程中，D 校教师承担的主要工作有试卷讲评、试卷分析。

J 校学生单元测试的时间不固定，故评价时间也由数学教师自主安排，一般采取分数评价方式。J 校数学教师对学生的试卷讲评、试卷分析都以相对自主、灵活的方式进行，只有期中、期末试卷会统一讨论、分析、通报。

（三）在书面评价中，J校数学教师更多使用评语

与D校教师相比，J校教师在学生同步练习中更乐于使用评语。教师对学生的评语一般具有一定的针对性，针对学生在完成练习过程中存在的问题或是当前学习状态进行简短评价。教师对学生练习的评语主要有启发型、鼓励型、纠错型等类型，一般聚焦学生知识的正确性、学习习惯的养成、作业修改等方面。如，表扬激励性话语有“字迹很工整，希望你的作业出现更多的‘√’”，“离优秀还差那么一点点，加油!”“如果准确率再高一点会更好!”等；聚焦学生学习态度、书写习惯的评语有“列完式子写答，竖式横线用直尺”“要保持卷面整洁”“认真听讲、数字写清楚”“空着的都不会吗？再思考思考，认真读题”，等等。教师还会针对学生在具体练习中出现的问题撰写评语，如“计算能力要加强”，在应用题中强调“不要在练习册上写竖式和计算过程，写在草纸上，保持整洁”，等等。

在访谈中研究者了解到，J校小学数学教师虽承担双科教学，但班级中学生人数较少，且学校规定教师要对学生作业有适当的评语，此项是学期中、学期末教学检查的重要内容。

（四）在试卷分析及家庭作业评价中，D校数学教师较多借助家长力量

在D校的学生练习和试卷中，不同频率地出现了家长签字、家长评语。家长签字一般聚焦学生作业检查、试卷分数反馈、改错督促等层面。在J校的学生练习和试卷中均未出现家长签字、家长评语等。由于学校没有过多要求，班级中学生人数较少，J校教师一般情况下不会给家长“布置任务”。

教师D-4-2的总结性评价方法与其他教师存在着明显不同，其在对试卷进行分数评价时，为学生撰写了评语。同时，该教师还自制试卷改错单，改错单中有学生自改和家长反馈两部分内容。在学生自改部分，学生根据教师评阅进行改错；在家长反馈部分，家长一般撰写评语、签字（图4-1，图4-2）。且这位教师每次给学生的试卷都会附一张改错单，从而形成了自己的风格。在学生平时练习中，家长也会对学生作业等进行评阅、签字并撰写评语等。该教师在接受访谈时谈到，其实试卷改错不仅是为了了解学生的成绩，主要还是为了让学生有一个好的学习习惯，使教师和家长对学生的知识学习与掌握有一个清醒的认识，这也是与家长沟通的方式之一。

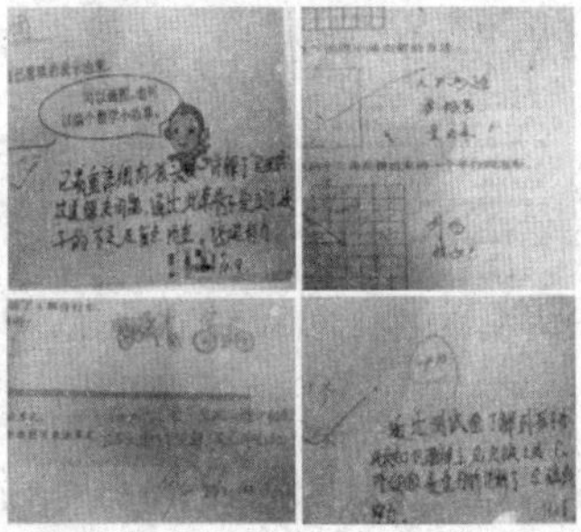

图 4-1 教师 D-4-2 自制单元测试改错单　图 4-2 家长 D-4-2 审阅及教师批改痕迹

三、本章小结

本章中对 30 节小学数学课堂实录的分析，从课堂角度探析了样本小学数学教师评价能力的实践样态。

就样本课堂视频及教师评价能力的实践样态来看，课堂评价中的教师形成性评价能力主要体现在以下 5 个方面。

(1) 部分教师将评价目标集中在教学目标达成上，有时忽视甚至漠视评价目标。

(2) 教师通常能把握自己作为评价主体的地位，主动对学生进行评价，引导学生做出同伴评价。

(3) 评价一般是针对学生个体，但是缺少个性化评价；没有关注到由学生个体评价推及学生群体评价，同时较少针对学生群体进行评价。

(4) 教师对学生知识掌握和应用情况的评价能力相对恰当，但对学生能力与情感态度价值观的评价能力则相对欠缺。

(5) 在评价语言使用方面，教师对表扬式评价语言的使用频率较高，在公开课中使用相对恰当，在常规课中评价语言形式相对简洁、单一；在部分常规课中，教师的批评式语言使用能力较弱，常常对学生采取“吼”“呵”等方式，直接否定或警示学生的某些语言和行为；对比式评价语言的使用频率较低，教师一般通过单独表扬或表扬与批评并用的方式对学生作出对比式评价。

通过对 34 名学生的作业或试卷中 12 位小学数学教师的评价角色和行为进行分析发现：第一，在日常评价中，教师并不是独立自主命题，D 校教师参与教研组统一命题。第二，对学生试卷通常采用分数评价方式，D 校个别教师为学生撰写评语；对学生同步练习采用等级评价方式，J 校样本教师全部为学生撰写评语。第三，D 校教师较多地借助家长的力量参与对学生的总结性评价。

第五章　小学数学教师评价能力的影响因素分析

问卷调查对小学数学教师评价能力的现状进行了宏观刻画；对课堂视频与学生作业、试卷中教师评价角色和行为的分析，聚焦于具体教学场域下小学数学教师形成性评价能力与总结性评价能力的实践样态。前者是小学数学教师对自己在学生评价中“应具备怎样的评价能力”的期许，而后者则成为教师评价能力的实然表现与样态。

通过问卷调查、课堂视频及学生作业、试卷分析发现，样本教师评价能力水平总体较高；设计评价方案、运用评价方法与工具的能力水平相对较低；城市教师与农村教师的评价能力水平存在显著差异；教师较少针对学生集体进行评价；公开课和常规课中教师形成性评价能力样态差异较大。同时，现状与实践样态分析存在不一致的情况。首先，教师认为自身确定评价目标的能力较强，但在实际教学中，评价目标为教学目标服务，有时甚至漠视评价目标的实现。其次，教师对学生知识的评价能力相对恰当，但对学生能力与情感态度价值观的评价能力则相对欠缺。再次，调查结果显示，教师引导学生进行自我评价和同伴评价的能力水平较高，但在形成性评价中引导学生自我评价的频率较低；在对学生作业及试卷的评价中，关注家长的作用，缺少学生针对教师的评价及自身问题的自我反思与评价。最后，在形成性评价和总结性评价中，教师独立、自主命题的能力并未显现。本章重点关注以下问题：教师自身原本应具有的评价能力为什么在实践中没有得到充分发挥？哪些因素影响了教师的评价能力？

一、教师个体因素

（一）根本因素：教师的学生评价观

随着新课程改革的推进，在基础教育实践领域，教师“教”及学生“学”

的方式发生了一系列变化，教师在课程改革中的地位和作用日益凸显，教师的课程理念、课程观等都发生了变化。但在实际教学中，教师的学生评价观直接影响教师的课堂评价语言和行为，并影响其评价能力的实现。

1. 潜意识中的学生“分类”

问卷调查和课堂教学视频分析显示，教师能正确看待学生评价的目的和作用，有相对正确的学生评价观，但在实际的学生评价中，由于各种原因，评价观出现了偏差。在案例5-1中，G教师虽然将学生分成不同层次，并根据不同层次学生的特点做出了差异化的评价，但是这种评价相对而言是不可取的。她在评价中无形地将学生分成“好”“中”“坏”三层，且有思维定式，按照自己的想法认为学生是在“等着抄答案”，没有针对学生的具体情况给予学生认可的、发展性的评价。这个案例很好地说明了教师在潜意识中对学生进行了分类，对不同学习水平的学生进行了差别化对待。

案例5-1 潜意识中的学生“分类”

学生访谈	教师访谈	情景描述
F：你在课堂上怎么啦？ S-5-A：我就是不想写。（噘嘴） F：为啥呀？ S-5-A：G老师每次都说我等着抄她的答案，其实不是的。 F：比如，今天呢？ S-5-A：今天我就是看不清题目，课件不怎么清晰。其实我挺喜欢计算的。	F：您觉得这节课学生的参与度怎样？ T-J-5-1：这节课？每节课基本都这样。总有一部分学生吵吵闹闹、乱哄哄。没办法，不能不管，又不能全管。 F：哦。课堂中那些不参与课堂的学生怎么办呢？ T-J-5-1：得分学生，有的学生是不管讲啥他都不听；有的学生是有的课不听，有的课听；还有的学生只是暂时溜号罢了。那些啥都不听的基本是啥也不会的，管不起；那些中间的学生，能拽就拽上来；前面的好学生，那肯定得多关注关注。	计算76.5÷3×5，教师在巡视中发现S-5-A没有动笔，便大声说道：“A，你不写，又等着抄我的答案呢？”

[注]“F”代表访谈者，“S”代表学生，“S-5-A”代表五年级A同学，“T”代表教师，“J”代表学校，“T-J-5-1”代表J校五年级第一位数学老师。

2. “知识积累，以备不时之需”

在我国目前的中小学学生评价中，居于重心地位的是学业考试，学生评价的重心需要从学业考试转向素质发展的评价①。近年来，学生学业考试的侧重点开始逐渐由考察学生的知识转向考察学生的能力和核心素养，基础教育工作

① 丁念金．学生评价重心：从学业考试到素质发展评价［J］．教育测量与评价（理论版），2013（11）．

者尤其教师越来越认识到学生核心素养考察的必要性和迫切性。但是一线教师对此表现出的态度和他们对待各种变革的态度一致，即“观望”。在教育督导制改革的背景下，农村学校教师的生存状况发生了改变，教学也因此发生了变化。但是，农村教师隐约也会感到不安：“现在真的和以前不一样了，有什么改革、检查，农村学校也有任务了，也有督导之类的了。说不清楚，但还是成绩最重要吧，其他的反而浪费了太多时间，毕竟学生是来学习的，将来咋改革谁也不知道，总要给孩子铺垫好，在有精力的条件下再考虑其他问题吧……”（T-R-6-2）教师对学生评价理念的矛盾性导致教师不得不喊着口号在教学中实实在在地教知识，夯实学生的知识基础，以备不时之需。

（二）核心因素：评价目标与教学目标一致程度

1. 评价目标的“不确定性”

“评价的作用是为我们提供反映学习者内部认知状态（学业成绩）的外部指标。这些指标都是可见的，这样我们才能观察、测量或者评估，比如测验题的对错或者一个表现性技能的水平……你如果想选择、制定和使用合理的评价方法，你自己必须掌握你要求学生掌握的那些学业目标。”① 评价目标是教师进行学生评价的行动指南，教学中的学生评价必须因应教学目标和评价目标做出调整。当在实际教学中运用某种评价方法对学生进行评价时，教师对评价目的的认识常常是不稳定的。研究者针对教师日常一定会涉及的情境，设计了一道选择题：“某数学老师在分数混合运算教学前，想测验学生整数运算的准确率，他该怎样向学生解释测验的原因？”8.3%的教师选择了“加强同学们整数运算的准确性”，5.5%的教师选择了“为同学们积累期末考试计算的经验”，52.0%的教师选择了“了解同学们学习分数混合运算的知识基础”，34.2%的教师选择了“知道同学们关于整数运算的进步情况”。这说明，约有半数的样本教师对评价目标并不是很清晰。

（1）未来学生评价目标的不确定性

一位刚毕业两年在某市小学任教的硕士研究生表示：“我现在教低年级，可能我关注孩子学习习惯和行为品格多一点，而不是看学生的成绩，因成绩而

---

① 〔美〕Richard J. Stiggins. 促进学习的学生参与式课堂评价［M］. 国家基础教育课程改革“促进教师发展与学生成长的评价研究”项目组，译. 4版. 北京：中国轻工业出版社，2005：76-77.

否定孩子的一切。当然，行为习惯好和品格好，这个学生的成绩应该也不会很差。但是等到年级再高一点，学生学习任务更多更重的时候，我能做成啥样我也不知道了。”（T-C-2-1）这位新入职教师对当前学生评价的主要目标和侧重点很清晰，能从理念上和实际行动上尝试对学生进行发展性评价，但她对未来教学中自己将怎样对学生进行评价、评价的目标将如何转变做出了一种会变化的趋势预测，而且言语中含有将来可能会有成绩取向的趋势预测。

（2）职业转换期后学生评价目标的“稳定性”

J省Q县小学五年级数学教师表示：“年轻的教师都有激情，我刚入职时也是那样，每天哄着小孩儿，不断尝试新花样，但是过了一些年以后也就那样了，都无所谓了。你要说老教师水平（高），仅限在教学经验、教学机智及课堂处理情况上有差距了。**所以就那样教教，把该讲的讲了就可以了，考试中可以用到就可以了，其他什么都无所谓了**，所以你说的那些都没法实现了。”（T-X-5-1）在一段时间内，教师的评价目标是不稳定的，新入职教师（尤其是刚走出大学校园的本科生、硕士生群体）通常会按照自己的理想、理念尝试对学生进行多方面的评价，但一段时间后，教师对学生的评价目标就开始转变，会倾向于稳妥的、不出意外的教学。

2. “教-学-评”目标的“不一致性”

最早提出“教学一致性（instructional alignment）”概念的是科恩（Cohen, S. A.）。这种一致性一般是指教学设计与预期教学过程和教学结果间的匹配程度，而且这种一致性程度会对学生的学习成绩产生重要影响。科恩认为，美国学校教育的平庸更多归因于教师的教学目标、教学实践、教师评价三者间的不一致性。当前背景下，我国教师确立教学目标主要是依据课程标准中三维目标的表述和要求。很多情况下，教师对三维目标的认识可能不完善甚或存在偏差，有些教师在写教案时会将三维目标分离和割裂开来，实际上这是对三维目标的错误理解，不能很好地厘清这三维间的关系。本研究对如何确定三维目标持有相对论的观点，亦即根据不同课程内容应有不同侧重，可以将三维目标合在一起，但一定要能辨别对三维的目标要求程度，或做到心中有数。不应完全将三维割裂开来，也不应过分强调必须将三者完全融合。韦伯（Norman L. Webb）详细解释了一致性概念，认为一致性即两种或更多事物间的吻合程度，即事物各个部分或要素共同构成一个和谐的整体，并指向对同一概念的理解。在此基础上，国内学者崔允漷教授①等构建了“教-学-评”一致性的三因素理论模型，意在检验教与学、学与评、教与评三者的一致性程度。

当被问到“您觉得为什么要对学生进行评价”时，86.7%的教师表示是为了“促进学生发展”，还有9.7%的教师认为是为了“检验教学目标”，偶有教师选择是为了“区分等级”“评定分数”及“各级考试要求”。问卷调查结果显示，在选择某一评价方法时，大部分（79.3%）教师表示都会考虑到“教学目标实现与否”，还有部分教师（13.5%）表示会考虑其“操作难易程度”，有少量教师（2.7%）会考虑“评分容易与否”。但通过分析课堂教学视频，研究者发现了一些有意思的现象，即经常会有教师将学生不在预设范围内的作答生拉硬拽到教师所谓的“正题”上，为了特定的教学预设环节切断学生的作答。

而一线教师对这个问题的看法则是：“为了达到自己的预设啊，实际的教学中就是为了达到自己的教学目标！对学生的评价也应该是偏向引导其回正题的评价，不应该全是积极的评价。其实我发现教学实际和面对问卷的时候，可能我们老师都觉得应该是这样的，但是在实际教学中却无法实现。不瞒你说，想和说是一回事儿，做就是另外一回事儿了。”（T-R-6-1）当学生评价目标与教学目标发生冲突时，教师往往倾向于保证教学目标的顺利实现，很少有教师能够将教学目标和评价目标相互调和使之趋向于一致，或者说，在评价目标和教学目标设定之初就厘清二者的关系。

（三）关键因素：教师的评价知识水平

教师对学生评价能力的高低与教师教育评价知识掌握和占有的情况息息相关。按照不同的标准，知识类型有不同的划分方法。本部分仅说明教师关于评价知识的占有与掌握情况，并不对各种类型做深入分析。借鉴国内学者关于理论性知识和实践性知识的阐述②，本研究认为，教师关于教育评价的知识有评价的理论性知识和评价的实践性知识两种。教育评价的理论性知识主要是指教

---

① 崔允漷，雷浩．教-学-评一致性三因素理论模型的建构［J］．华东师范大学学报（教育科学版），2015（04）．

② 陈向明．教师实践性知识研究的知识论基础［J］．教育学报，2009，5（02）．

师在评价过程中涉及的相关概念、术语等。教育评价的实践性知识主要是指评价方法的使用、操作等相关知识。

1. 教育评价的理论性知识

在关于教育评价的理论性知识题项中，设立了教师在对学生进行检测时常用到的信度及难度系数。在理论化表达中，有 43.7%的教师知道信度的内涵，55.4%的教师并不知道信度的内涵，还有 4 人选择了“不清楚”。在另外一道关于教育评价的理论性知识题项（3.4）中，49.5%的教师“错误理解了”难度系数的内涵，49.3%的教师能正确理解难度系数的内涵，有 5 位教师选择了“不知道”这一选项。在此基础上，将这一题目与教师的教龄、学历、职称、学校所在地交叉制表，发现其总体趋势一致，即无论按照哪一项指标分析，不同群体教师中了解与不了解“信度”和“难度系数”内涵的教师均各自参半。对教师进行访谈发现，教师是能对“信度”和“难度系数”做出个人的理解化阐述的。如：“比方说，某道题目，有 10 个人来回答，6 个人答对了，4 个人没对，要比 4 个人答对了，6 个人没对更难一些，但你要说难度系数，我不是特别清楚。会用就行了。”（T-X-3-1）这说明教师并不是特别关心其理论化内涵，而是关注其实践性意义和作用。

2. 教育评价的实践性知识

在关于教育评价的实践性知识题项中，教师的表现相对较好，当被问到“班级中有个别学生成绩总是不理想，您会怎么做”时，多数教师（93%）选择了“找准问题，对个别学生进行学法指导”，2.7%的教师选择了“加大练习，提高成绩”，1.8%的教师选择了“保持班级里优秀学生的成绩”，1.4%的教师选择了“保持教学进度，顺其自然”。在另一道相对情境化的题目中，在被问到“您觉得应怎样处理学生的测验成绩”时，80.0%的教师选择了“针对个别问题辅导”，11.5%的教师选择了“全班公布并讲评”，2.0%的教师选择了“提交学校教务处以便抽查”，2.9%的教师选择了“在家长群中统一公布”。在与评价方法和评价实践操作有关的问题上，教师都能较好地进行选择，但这与实际教学中教师反映的状况存在一定的差异。“日常教学中，这些单元测验、月考、期中考试、期末考试在班级应该还是要公布分数的，至少公布及格以上学生的名单，有时候还要念名字发成绩，然后全班讲评。”（T-X-4-2）教师知道应该怎样做，并不代表教师在实际教学中一定会怎么做，教师在面对书面问题时倾向于选择一个比较稳妥的答案，但在实际教学中一般会选择更易于操作、更常用的方法。

此外，教师的教学设计与教学风格、学生的身心特点、教师的职业倦怠等也是制约教师评价能力的重要因素。

在有些课堂中，仍以教师的讲授为主，每节课都是全体学生一起回答教师的问题。教师针对每个问题询问全体学生，当全体学生回答出正确答案时，教师重复一遍答案；当全体学生的答案与自己预设的答案不同时，教师纠正学生的答案。通常情况下，当一节课的教学设计出现问题时，也就是教师的教学设计不符合学生的认知规律、要求不清晰、自制学具问题重重、教师分组不合理时，课堂中师生交往互动的状态就会较差，教师的教学进展就会不顺畅，教师的评价行为、学生的评价行为也就较少发生，只是师生“配合”将教师的教学设计顺利地“演”下去。在课堂实录 1 中，教师的教学出现了偏差甚至错误，这就导致教师在对学生进行评价时出现了不恰当、生拉硬拽等现象。评价风格因教师个体而异，有的时候教师在课堂上的话语比较多，一般情况下都是启发学生来表达。数学教师的思维简洁，逻辑清晰，往往评价性语言较少，但通常针对性较强、客观、即时，效果较好。当学生没有机会参与课堂时，师生间缺乏交往与互动，学生就会缺少获得评价的机会。当教师“霸权”时，学生往往就会变得小心翼翼地参与课堂，不知道怎样以良好的姿态迎接师生间或生生间的互动、反馈与评价。

作为课堂教学中的关键主体和核心利益相关者，学生在接受教师的评价、对同伴评价及自我评价过程中的状态直接影响和制约了教师进一步的评价行为。“低中年级好一些，到了高年级就是学生整体发言，学生不是特别愿意说了。他们也有顾虑，怕说不好。或者是到了这个年龄，他就不像小的时候那么爱说、爱表现了。学生有点好面子，他有点怕说错了或者瞎说，然后别的孩子会有什么想法。”（T-C-6-1）但是在公开课中，学生的参与程度和状态也为教师评价能力的展现与发挥提供了契机。“这点很明显，参与公开课的班级，大多数是所在学校、所在年级中氛围相对活跃的班级，愿意发言的一般都是班级中思维敏捷、善于表达的孩子，这些孩子能以简洁的话语切中要害。”（T-C-6-2）教师做出的评论大多是恰当、精彩的，有些时候也会采取不评论的态度。

随着教龄的增长，教师的教学经验不断积累，教师对教学的理解和把握能力不断提高，也越来越了解学生，能够胜任教学。“因为都职业倦怠了，别说

10年，4年我都干够了，主要就是太累了，其实如果仅仅是教学倒真的没什么。我又要当班主任，又要教（语、数）两科，改作业、家长会、学校各种业务检查、教学比赛，要是再赶上各种大型活动，春、秋两季运动会，那就别提了。教低年级，说话声音又要放高，真的是应接不暇。当然，你说成长，肯定是有成长的，但全部精力没有都放在教学上，然后你再说特别关注评价，我上学时没少接受新鲜理念，也想实施、不断尝试（停顿）……心有余力不足啊。”（T-C-2-3）教师的设计评价方案能力与选择评价工具和方法的能力较低，主要是因为教师在日常教学中最常用的就是课堂即时性评价和总结性评价，小学数学教师常用到的总结性评价一般是作业、单元测试、期中考试、期末考试等，少有外部大规模测试。教师日常教学中的评价方案设计一般都隐含在上交给学校的教案中。如有老师这样说：“由于我已经教过很多轮儿了，这些内容一般都来自参考书，其实交教案成了某种意义上的形式，只是上交的材料而已。其实你要说我教了这么多年，咋讲、咋考、学生在哪会出问题，我太清楚了。当然，还有小升初，能没有压力吗?”（T-C-6-2）

二、外部环境因素

（一）考试文化因素：教师、学生评价方式

考试文化是指“‘关于考试的历史地凝结成的生存方式’，它体现为考试场域中的人的生活方式以及社会运行的内在机制”。① 自科举制度产生以来，原本作为选拔人才的方式和手段的考试逐渐发展、演变成了教育的指挥棒，应试教育之风盛行。自新课程改革以来，我国基础教育领域素质教育的理念不断得到深化和落实，新一轮以核心素养为动因的课程改革也悄然开始，探索新的高考方式成为普通高中课程改革的关键难题。但在这一过程中，尤其需要注意的就是沿袭了几千年的考试文化对中国基础教育甚至是教育的影响，整个社会、学校、教师对学生期待的关键还是在成绩上，“考试”逐渐异化为教育场域各个行动主体不自觉的惯习。

1. 关注学生成绩的教师评价

随着现代教师教育制度的发展，教师队伍建设成为基础教育领域改革的重

① 王中男．考试文化研究［D］．上海：华东师范大学博士学位论文，2012：25.

要内容之一，对教师的评价也开始呈现出多主体的趋势。对教师的评价内容通常由学校层面做出规定，一般包含课堂教学、学生成绩、科研论文等，教师的绩效工资和职称论文与这些方面挂钩。不同学校对教师的评价包含不同的方面，比如，“每月都有邀请课，师德与安全；出勤、备课、作业公示与批改、听评课、班级和学校活动”，等等。“其实，现在对教师的评价真的没有以往那么关注成绩了，只是在考试总结、各学期总结、年级组和学校会议中会提到，但还有其他方面，比方教案啊、教学啊、科研、业务学习啊，等等。”（T-C-5-2）但是，在访谈中有教师也谈到，“虽然这些形式都发生了改变，但对教师而言，最重要的还是教学，还是学生的成绩，成绩上不来，其他的都白扯，你还是要对学校、对家长有个交代的。”（T-X-4-1）

2. 聚焦学习成绩的学生评价

“学生评价是在一定的教育价值观的指导下，根据一定的标准，运用一系列方法，对学生的思想品德、学业成绩及其身心素质进行价值判断的活动。”①

随着现代教育评价的发展，学生评价的目的开始不断转换，一些新兴的评价方法（如档案袋评价、表现性评价、增殖性评价、口试等）开始在基础教育学校中出现，由原来的单纯关注学生的知识掌握情况，关注学生的学习成绩，转向关注学生能力的发展，再到现在的关注核心素养的培育。但在实际教学与评价中，真实的情况与理念的发展相去甚远，并不是每一所学校都能尝试新兴评价体系，也并不是每位教师都具备使用新兴评价方法对学生进行评价的能力。

（1）学生评价体系有待完善

有的学校比较关注对学生德育的评价，将学生德育评价与学业评价融合。在学校中一般设立德育处和教务处，负责德育评价的具体实施和落实。德育处一般关注对学生日常行为表现的评价，教务处主要监测学生的学业质量。教务处主任 H 在接受访谈时表示，在对学生进行评价时，“学校层面一定会根据办学理念确定（学生）评价目标，比方我们学校就是……然后再结合各科课程标准制定学业评价要求，以期末考试为主，平时的检测内容作为参照，还有一些作业反馈情况。当然，还要考虑区里的要求，有时候区里不允许考卷子。再有就是对学生学习过程的监测，在平时课堂中表现特别积极、各项表现都不错

① 李润洲．学生评价模式探析［J］．中国教育学刊，2003（05）．

的孩子，成绩累计的分数也可能是最高的。当然，学习是一个过程，不应该仅关注学生最后的学业成绩或者是多少分。要说评价体系，可能还达不到，学校肯定是有大致的评价体系的，但还是不够细致。”（T-C-J-1）

（2）学生评价形式多样

一线教师也谈到，在日常教学中学生评价的形式也是多样的，学校和教师都会采用多种方式对学生进行评价。“学校中的作业、小测试是对学生学习情况的评价；班级会制定一些行为规则表，对应相应分数来对学生行为进行评价；学校也会利用‘小标兵’检查的方式，监督学生的行为表现，并对表现优秀的班级进行表彰，这是学校对学生行为进行评价。”新入职教师 Z 谈到，“学校每周安排执勤教师对本班级评分，每周五执勤教师做总结，奖励优秀的学生校级卡片，积攒多了可以去学校的‘超市’兑换学习用品。”（T-C-3-1）在访谈中教师个体的做法也存在差异，有的教师能够利用新兴科技手段对学生做出评价，“课堂中对学生的评价主要包括提问后的及时评价和学生上课行为方面的评价（可以借助应用程序，如班级优化大师）”（T-C-5-1）。还有教师在“班级内部奖励贴画小星星，凑齐 10 个换一个大金星，每周一个小总结（奖励卡片），每月一次大总结（发奖状）”（T-C-1-1）。这说明教师能结合学校、班级的实际情况做个性化尝试。

（3）教师对考试的认同

一线教师对考试这一评价方式还是比较认同的：“比如说单元测，还是为了巩固他们的基础知识点。因为单元测是我们组长出的，比较全面，结构也很好。这张卷子的难易程度、重难点、基础知识能把一个单元覆盖得特别好。卷子的层次性特别好，如果哪个孩子成绩高的话，证明他在这一单元这一阶段的学习比较扎实。单元卷的结构也很好，能反映近一阶段孩子学习的状况，能发现他哪一块儿出现漏洞了，哪一块儿是他的强项，哪个地方没掌握。我觉得这种评价机制还是挺好的，而且也挺直观的。”（T-C-Y-3）

但当我们将视线转向农村教师时，情况似乎都发生了改变。“我刚来中心校一个月而已，以前我在村小，班级中只有 12 个孩子，校舍跟我上学的时候差别不是很大，哪有多媒体，信息技术手段用不上，有时候我就自己带着笔记本电脑，给孩子们播放下载好的大片，孩子们可开心了。但你说课堂上对孩子的评价，学校主要还是看成绩吧，我们老师也是，要想搞一些什么花样都得看个人吧。我到这五年多了，班级中的一些小奖品和孩子们期末考试的奖励都是我自己在网上买的，虽然算不上多贵，但至少也是一种形式吧。”（T-R-6-1）在访谈中，有的教师直接表示：“这么多年了，早就倦怠了，知识不讲错就好了。小学还好呢，初中、高中，直接看考纲、砸考点了。”（T-R-4-2）这种情况下，教师在教科书分析、教学目标上是一种目的性思维。

（4）为了“升学”和“就业”的学习

所有的这些，都证明经过教育评价改革，学生评价确实发生了变化，但是在学生心目中，每天来学校学习的目的似乎很明确，那就是为了学习，为了知识，为了以后能够考上更好的初中、高中、大学。在为期两天的代课中，研究者利用单元测试、测试卷讲评的机会，对D校六年级的两个班做了初步摸底。当被问到“你们的梦想是什么”时，学生都能说出自己的一个梦想，或具体或抽象，但当被问到“每天来学校学习是为了什么”时，三成孩子的回答与升学和就业有关，如“为了上好初中”（S62）、“为了考上好中学再考上好大学再找一个好工作”（S66）、“为了考个好中学”（S64）、“为了考中学，扩大知识面”（S69）、“为了以后找工作”（S71）、“为了将来找一个好的工作”（S52）等。还有三成孩子的回答是为了知识，如“为了学知识”（S2）、“为了学到新知识”（S11）、“学习新的知识”（S28）、“为了增加知识”（S33）、“我们来学校学习是为了提升自己，让自己基础知识扎实，并积累课外知识，学到自己原来不知道的知识”（S59）等。当然，也有孩子回答是“为了祖国强大”（S17）、“为了以后的幸福生活”（S34）、“为了以后的道路，以后有聪明的脑袋”（S35）、“为了将来生活得更好”（S56）等。还有学生回答说：“为了给长大以后做铺垫，这其实是我从父母口中总结的，其实我也不知道为什么，只想在同龄人中更加突出。”（S57）

凡此种种，以学生为对象的评价，在理念宣传和形式上都做了新的尝试，但是在实际操作中，人们还是没办法摆脱几千年考试文化的惯习，即倾向于“讲了、练了、考了，心里才有底”。

（二）课程因素：小学数学教科书内容中三维目标的比例

重视学生情感倾向有两个主要原因，“第一，它们有自身的重要价值。它们代表社会生活中不可缺少的个体的情感纬度。我们希望所有的公民都能感觉到对自己生活的控制力。第二，学生的态度、动机、兴趣和喜好，同他们的学业紧密相关。那些有成功学习经历的学生更有可能培养出适宜的态度和价值观，而这些，又是激励他们争取更多成功的驱动力”，因此，可以说，“情感和学业是相辅相成的”。①

1. 小学数学教科书中多是关于学科知识与学科思想方法的内容

我国基础教育课程改革自2001年到今天，经历了从以知识为本的课程设计发展为以过程为本、关注学生发展的课程设计这一过程。而不同的课程设计，其关注点、侧重点可能存在显著差异。但一线教师正在使用的教科书基本都是2001年版本，即使是2011年后的修订本也是基于课程标准的小修小补充。各学科教科书也在不断变化，但在一线教师眼中，小学数学教科书更多的还是注重“四基四能”，缺少关于学生作为一个人、作为未来社会公民必备的品格的课程设计。“数学老师？更多地要从数学教学角度考虑问题吧。像你说的，知识技能、过程方法可能还好，但感觉数学书中还是关于数学本质的比较多吧，课后习题中有的会涉及，所以老师们自然也会认为情感、态度也得是与数学有关的才归数学老师吧。如果有，我感觉我更偏重于数学家、数学历史、数学思维等方面，每个人挖的程度不同吧。但对于学生作为人的情感、态度可能……可是你比方说我，我教（语、数）两科，还当班主任，所以数学课也会在情感、态度上稍稍有所考虑，更多的都放到班级管理还有语文课堂中了。”（T-R-2-1）

教师认为数学教科书中大多是与数学学科本质特征相关的内容，缺少对学生情感、态度、价值观的关照，甚至有一位教师说：“教科书中都没有，我怎么教啊？一节课要围绕数学知识和技能教学，培养学生的数学思维方法，还有工夫管那么多。”（T-R-4-1）该教师认为教科书的内容决定了其教学内容，这也从侧面反映了教师的教材观是完全因循教科书，用教材教。

2. 情感、态度、价值观等内容在教科书中的隐性呈现

数学教科书中关于情感、态度、价值观这三方面内容的呈现固然重要，但是A市小学数学教研员和教师则认为，数学教科书中关于学生情感、态度、价值观等的内容一般都是显性呈现与隐性呈现相结合的。数学教科书因其学科特点而表现出的隐性化呈现情感、态度、价值观内容的特点，在一定层面上也制约着教师的数学教科书使用水平。无论小学数学教科书中是否有关于学生情

① 〔美〕Richard J. Stiggins. 促进学习的学生参与式课堂评价［M］. 国家基础教育课程改革“促进教师发展与学生成长的评价研究”项目组，译. 4版. 北京：轻工业出版社，2005：244.

感、态度、价值观的内容，也无论其呈现的效果怎样，都与教师如何使用教科书息息相关，教师对教科书的挖掘和利用程度直接决定了在课堂教学中选择何种内容进行教学，也就决定了学习内容和评价内容。D大学K教授在谈到教科书的编写和修订时说："现在的教材几乎是2001年的版本，在2011年修订过，但基本是小修小补，其中有对学生知情意的关照，缺少学生融入社会的人格塑造等。更多的是强调学生在学科中的后续发展，对学生成为一个健全的社会人的发展问题关注不够。"也就是说，现行小学数学教科书中有关于学生情感、态度、价值观的呈现。一线教研员A-L认为："小学数学教科书中肯定有学生情感、态度、价值观方面的内容，只不过有些内容是显性呈现的，有些内容是隐性呈现的罢了。"为此，研究者专门针对人教版和北师版小学数学教材进行了初步观察，发现教材中对于学生的情感、态度、价值观还是有所关照的，但在整体上的呈现情况、数量化的概念及实际效果如何，暂不能妄下定论。

（三）支持因素："评价主题"研究与培训经历

教师的专业成长与发展离不开在职学习与相关业务培训，"我国教师无论是在师范教育阶段，还是入职后的各种培训中，较少受过系统科学的课堂评价设计以及合理利用课堂评价结果的训练，因而限制了实际课堂评价开发和运用的科学性"①。问卷调查显示，69.4%的样本教师表示，在参加各级教师培训时，没有关于"评价"的专题，87.4%的样本教师表示未参与过与"评价"相关的研究课题。"其实吧，有时候教研课题中会谈到，就说说作业批改、质量监测、试卷分析啥的，但是没有系统的培训，有些时候教研组长、教研员啥的也只是知道、了解一点点，像你们说的核心素养，我们村里面哪有什么方法能评价？但是感觉除了学习外，农村孩子在自理、自立上应该还不错。"（T-R-5-1）

（四）非教育类因素：利益相关者的行动方式

1. 重要利益相关者缺场

利益相关者理论最早是由弗里曼（Freeman）提出的，主要指企业管理者为平衡企业中各利益相关者的利益要求而进行的企业管理活动。随后他又对

---

① 许瑜函，杨向东．促进学生学习和发展的课堂评价——2011课堂评价国际研讨会会议综述［J］．全球教育展望，2012，41（01）．

“利益相关者”这一概念做出了界定，即能够影响上个组织目标的实现或能够被组织实现目标的过程影响的人。教师、学生、家长、学校领导、教研员、教育督导等重要个人和组织都可以看作是学校教育中的利益相关者，其中学生和教师是核心利益相关者，家长、学校领导等是重要利益相关者。公开课和常规课中的学生评价差异如此之大，最主要的原因就是重要利益相关者缺场。学生作为核心利益相关者，对事物的感知和认识尚未成熟，教师在常规课教学中只能是以常态化、所谓客观化的样态呈现。

“公开课和常规课啊，你说，那能一样吗？常规课出不来东西，要花时间组织纪律，要处理历史遗留问题（作业、考试等），要班级管理，要保证学生安全，搞那些花架子没人知道也没人看。但公开课就不一样了，其实很多事情，我们都知道，只不过做不做、做得怎样罢了。就教师个体来讲，公开课比常规课讲得好这是一定的。”（T-C-3-2）教师以两种心态对待公开课和常规课，源于重要利益相关者的缺场，教师的教学和评价行为缺少了监督。同时，教师对学生日常作业、试卷、各类配套同步练习进行评价，一方面是因为与学生成绩、教师教学成绩相关，另一方面则是因为家长每天都会对学生的学习进行关注，能够很深切地了解教师对学生作业的评判。因此，教师对学生进行的各类总结性评价往往能够落到实处，并能按照一定程序执行和完善。

2. 面子与利益的驱使

授课教师在常规课和公开课中呈现出的迥异状态一方面是缘于面子，另一方面则是缘于公开课中可能得到的利益的驱使。“‘面子’是一个中国人在社会交往时依据对脸的自我评价，估价自己在别人心目中所应有或占有的地位，”这种“自我评价是指个体通过对自己这一系列规格性行为和自我评价推测自己在他人心目中的序列地位”。①

“你上公开课，学校教学团队帮你出谋划策，带学生一遍遍讲课，帮你磨课，你不可能讲不好。公开课是露脸的机会，你要怎么对学生评价，领导和评委都在台下坐着呢，怎么做自然知道，在重视程度上首先是一级的，但至于最后效果还是看个人经验和能力吧。”（T-C-4-1）一般情况下，“教师参与的公开课要么是展示、汇报课，要么是参加各种比赛，要么是职称评比，你说哪一

① 翟学伟．面子·人情·关系网 中国人社会心理与行为的特征［M］．郑州：河南人民出版社，1994：53-54.

项你能忽视？你讲得怎么样直接决定了以后公开课还要不要你讲，赛课的结果也会决定你的职称定级、荣誉称号等”（T-C-2-2）。受参与公开课可能带来的利益及荣誉驱使，教师在公开课中的教学状态与常态课中会存在很大差别。此外，公开课中评委的评课标准也是影响教师对学生进行评价的重要因素。“公开课赛课的评委手中虽然都有一个评课标准，但有时候你并不知道评委的标准是什么，所以你在各方面都要注意一些。可能有的评委更注重教姿教态，有的评委注重学生课堂参与，有的就注重教学设计，有的可能就注重你说的学生评价啊，就那几大方面，肯定都要把握一下。”（T-C-6-1）

三、本章小结

小学数学教师评价能力受多重因素影响和制约，基于问卷调查数据分析和师生访谈资料的挖掘为因素分析提供了诸多支撑。

从教师个体内部因素来说，学生评价观从根本上决定了其在对学生进行评价时的语言和行动。潜意识中的学生分类和评价的知识取向是最集中的表现。教师的评价知识水平制约了其评价实践的效果与形式多样的可能性，是影响教师评价能力的关键因素。评价目标与教学目标的割裂为评价目标的“不确定性”、“教-学-评”的“不一致性”及过分割裂三维目标做出了充分的解释，是影响教师评价能力的核心因素。

从外部因素层面讲，最顽固的当数根深蒂固的传统考试文化的积弊，关注学生成绩的教师评价和学生评价制约着教师评价能力的形成与发展。小学数学教科书中三维目标内容的比率是制约教师评价能力的课程因素。教师是否有过评价主题的研究与培训经历是教师评价能力发展的支持因素。重要利益相关者的行动方式是影响教师评价能力的非教育类因素。

第六章　小学数学教师评价能力发展路径探析

教师评价能力是教师专业能力的重要组成部分，探讨教师评价能力的发展路径，是教师专业能力提升与发展范畴的话题。本书前三章分别从应然视角考察了小学数学教师评价能力的现状，又从日常教学视角考察了小学数学教师形成性评价能力和总结性评价能力的实践样态，并借助教师访谈对其影响因素做了深入分析。本章将从小学数学教师自身、学校内部、外部环境等三个方面探讨小学数学教师评价能力的发展路径。

本研究中小学数学教师评价能力发展路径的探索，是建立在促进学生全面发展这一背景和基本目标之下的。随着教育改革的推进和基础教育的发展，基础教育领域对培养什么样的人的追问不断加深，2016 年发布的《中国学生发展核心素养》是宏观教育理念、培养目标与具体教育教学实践的中间环节，将全面发展的人作为教育的终极要义。核心素养是三维目标的深化与发展，二者的本质目的都是实现素质教育，促进人的全面可持续发展。基于核心素养的课程改革是落实立德树人任务的现实需要与必然趋势，新形势下，基础教育领域的课程改革与评价改革都将围绕核心素养进行。无论是教师专业能力的发展与提升，还是学校的办学目标指向，最终都应该是为了促进学生的全面发展，使学生成为全面发展的人。教师在对学生进行评价的过程中，只有将“全面发展”作为终极目标，才有可能从实际行动上开展为了学生全面发展的评价，其评价能力也才具备明显的育人性。同时，学校层面也应淡化学生分数和成绩的办学目标与要求，将全面发展的人作为学生评价的价值取向。

美国社会学家帕森斯（Talcott Parsons）认为，任何一个组织都可以从三个基本层面来描述：技术层面、管理层面和外部关系层面。美国学者墨菲（Joseph Murphy）和路易斯（Karen Seashore Louis）借用此观点，认为在教育中，技术层面关注的是学和教的过程，这个层面的主体是教师个体；管理层面涉及学校对教育教学的领导、管理和组织；外部关系层面涉及学校与外部环境的关系①。本章借助这一论述将小学数学教师评价能力的发展置于组织系统中，认为小学数学教师评价能力发展的动力主要源自教师，其次是学校支持，最后是外部环境的促进。

一、小学数学教师评价能力发展的自我改进

（一）遵循评价伦理：教师评价能力发展的基本前提

学生评价，是事实判断和价值判断的有机结合。事实判断是基于证据对学生目前的学习、行为表现情况进行客观判断，并在此基础上对学生个体与群体的发展情况所给予的价值判断。在教师对学生进行评价的过程中，其能力水平的高低受多重因素的影响与作用。对教师评价能力的考察，要跳出单一的能力标准本位，同时重视公平、正义、伦理等原则在教师评价能力发展过程中的地位和作用。

伦理准则规定了一个职业的活动，也规定了成员在履行他们对公众的责任时应尽量避免的行为。② 同样，学生评价，无论是作为人的实践活动——教育活动的组成部分，还是对学生进行价值判断的过程本身都蕴含着伦理的属性。③ 在对学生进行评价这一价值判断活动的各个环节和方面，教师的能力固然重要，但不能因此而忽视评价伦理。评价能力的发挥和行使应以评价伦理作为前提。教师对学生进行评价必须遵循的原则，需要从伦理学和学生评价两个层面去考虑，既要包含伦理学中的普适原则，又要考虑到学生评价的特殊性，将二者有机结合起来。

之所以将评价原则作为重要内容加以阐释，主要源于研究中的“评价”聚焦于教师作为主体发出的对学生进行评价的行为，以及学生在教师的指导下进行自我评价及同伴评价的行为，其根本目的在于从教师的视角考察其在实施评价活动、做出评价行为、形成评价决策的过程中应遵循的原则。

---

① Joseph Murphy, Karen Seashore Louis. *Handbook Research on Educational Administration* (*Second Edition*) [M]. San Franciso: Jossey-Bass Publishers, 1999.

② 〔美〕吉尔伯特·萨克斯，詹姆斯·W. 牛顿. 教育和心理的测量与评价原理［M］. 王昌海，等译. 4版. 南京：江苏教育出版社，2002：49.

③ 王健. 论学生评价伦理［D］. 上海：华东师范大学硕士学位论文，2006：9-12.

1. 公平原则

教师应从平等性公平（同等情况，同等对待）、差异性公平（不同情况，不同对待）、发展性公平（全面合格基础上的个性化发展）① 这三个角度来遵循公平原则。“教师在课堂教学中要有意识地对班级中处于不利地位的个人给予特别的关注和补偿，赋予他们更多的课堂参与机会与资源。但补偿原则的运用必须遵循‘帕雷托最优’原则，即，使一些人的境况变得更好而不应该使其他人的情况变得更糟。”② 有学者指出，要保证所评的是学生的学业成就，要保证评价目标和方法的透明性，保证学生有均等的学习机会，保证学生有多重或多种机会展示自己的学习，保证所有学生在评价中获益③。

进一步说，小学数学教师对学生的评价要做到起点公平、过程公平和结果公平。起点公平，即保证每一位学生享有平等的接受评价的权利，每个人的权利平等并不意味着给予每个人相同的评价，平等应区别于相等和相同。过程公平，即在评价过程中学生个体享有相同的机会，这实际上是一种机会公平。不能为不同学生设定不同评价标准，更不能实施所谓的区别对待。结果公平，是指教师在对学生评价结果进行阐释时，要避免评价偏见，不偏袒任何学生，在保证评价标准一致的前提下，关注学生个体差异，既要使学生达到国家标准规定的最低要求，又要使学生因个性差异而获得适宜的发展。

2. 正义原则

正义是社会制度的首要德性，正义否认了一些人分享更大利益而剥夺一些人的自由是正当的，不承认许多人享受的较大利益能绰绰有余地补偿强加于少数人的牺牲。④ 正义具备两个原则。其一，每个人对与其他人所拥有的最广泛的平等基本自由体系相容的类似自由体系都应有一种平等的权利。其二，社会和经济的不平等应这样安排：使它们被合理地期望适合于每一个人的利益；并且依系于地位和职务向所有人开放。也就是说，这种正义实质上是为实现每个人的自由价值。赵汀阳将这一原则表述为“人所不欲勿施于人”，即蕴含着彻底公正的“无人被排挤”的原则，这种“由人至人”的方法论包含了所有可

---

① 冯建军．课堂公平的教育学视角［J］．教育发展研究，2017，37（10）．

② 冯建军．课堂公平的教育学视角［J］．教育发展研究，2017，37（10）．

③ 王少非．课堂评价需要什么样的公平性［J］．教育发展研究，2014，33（24）．

④ 〔美〕约翰·罗尔斯．正义论［M］何怀宏，何包钢，廖申白，译．修订版．北京：中国社会科学出版社，2009：3．

能的眼界，只有这样才有可能尊重每一个人，把每个人的精神考虑在内。[①] 这两种解释都将正义作为平等或公平的意涵纳入其中。

罗尔斯（John Bordley Rawls）认为，对机会均等的原则规定直接牵涉到正义的程序设置，或者说涉及程序上的正义问题。[②] 程序正义分完善的与不完善的。"完善的程序上的正义"是指依据某种已有的独立的标准设置并可依此标准设计相应程序来达到预期结果的正义过程。"不完善的程序上的正义"则指虽有某种预先确定的标准却不能设计一个相应的程序来达到预期的或与该标准完全相符的结果。还有一种"纯粹程序上的正义（pure procedural justice）"，它是指在没有既定的关于正确结果之独立标准的情况下，单靠一种公正的程序而实现的正义过程。制度被正确规范并一贯地坚持，并由当局恰当地给予解释，这种对法律和制度的不偏不倚且一致的执行，不管它们的实质性原则是什么，我们可以把它们称为"形式的正义"。[③] 进一步说，"是程序保证了结果的正义，无论这一结果是什么，这样的结果必然是正义的；至于'形式正义'则被赋予一种达成'实质正义'这一目的之'手段'的意味，是相对于实质正义而言的，它着意于突显在原初状态的选择过程结束后由'原则-制度-规范'以形式化的方式力求保障正义之实质的实现。可以说'正义原则'的产生为界，程序正义是向前追问'为何是正义的'，而形式正义则向后探问'如何来确保正义'"[④]。

"无论是自我评价还是他人评价，评价主体可以变化，但价值主体一定始终是学生，要在评价中使学生自身的需要得以真实地反映和尊重。"[⑤] 确立教师对学生进行评价的正义原则，旨在为教师在评价实践活动中的规范确立一种伦理尺度。教师对学生评价中的正义也要兼顾制度正义、程序正义、形式正义，进而实现实质正义。

学生评价制度正义主要是指在教师对学生的评价中，要建立正义的评价机制，为构建良好的评价环境提供必要保障。既要明确评价的目的是促进学生发

---

① 赵汀阳．论道德金规则的最佳可能方案［J］．中国社会科学，2005（03）．

② 万俊人．现代西方伦理学史：下卷［M］．北京：中国人民大学出版社，2011：941-942．

③［美］约翰·罗尔斯．正义论［M］．何怀宏，何包钢，廖申白，译．修订版．北京：中国社会科学出版社，2009：45．

④ 徐正铨．为什么是形式正义？——论罗尔斯通往正义之途的进路选择［J］．科学·经济·社会，2017，35（02）．

⑤ 张华，刘万海．当前学生评价中亟待澄清的几个问题［J］．全球教育展望，2005，34（10）．

展，避免为实现个人业绩和某种功利主义的评价目的，同时也要排斥那些表面的、片面的、异化的对学生进行分类的评价。这里主要涉及评价内容偏见、对学生个人是否能够获得成功的成功偏见，以及在对评价结果进行阐释时的结果偏见等。在对学生评价结果进行汇报时，要客观、连续，保证评价结果的信度和效度。

学生评价的程序正义是指，在学生评价过程中，师生能客观、公正、不带偏见和个人成见地执行评价机制和评价标准。当然，应力求避免一些学生碍于教师和所谓尖子生的权威，而做出附和的缺少个人主见的评价。

学生评价的形式正义主要是指，教师能够合理组织和安排学生评价的各项活动，在评价中公正地对待每个学生。进一步说，在对学生进行评价时，教师要考虑学生学习能力水平会因性别、心理、个人爱好等而有所差别，不能因个人喜好而有心理、言语和行为上的倾向性。此外，教师还应注意座位空间分布、学生提问频率、作业和任务布置、课堂评价语是否客观公正，呈现在作业中的评价语言与操行评语是否符合公平、正义原则，等等。课前、课中、课后问题和作业设计，及练习题和测试题目等是否具有梯度性，也在一定程度上反映了评价的公平与否。

3. 合法性原则

“富勒认为，因为公民具有理性，能够认识法律要求什么，可以依据法律的要求行为，也就有权利知道法律规定的内容。有权利在法律面前选择遵守或违反，并且能够为自己的行为负责。在他看来，法律基本上是一项为公民彼此之间的交往行动，提供一套健全而稳定的框架的事务。”① 从这个意义上讲，教师作为社会教育活动中的重要个体和专业人员，理应了解自己的行为是否合乎教育法等相关法律，并能为自己的行为负责。

“‘合法性原则’是为了尊重‘公民’拥有理性的事实，尊重他们在理性的指导下，做出自我选择的能力，并且相信他们能够为自己的选择负责。法律不能成为公民生活的陷阱。只有在满足了‘合法性原则’的法律所构筑的框架下，公民才能选择自己的行为，安排自己的生活，才能准确发表自己对法律的看法，表达对法律的态度，进而对立法者和执法者形成制约。”②

---

① 张智. 论富勒“合法性原则”的道德性与制度化［J］. 河北法学，2011，29（06）.

② 张智. 论富勒“合法性原则”的道德性与制度化［J］. 河北法学，2011，29（06）.

教师在教育、教学活动尤其是学生评价中要坚持合法性原则。这主要是因为，教师对学生的评价直接影响和决定了学生的学业水平和发展状况，也进一步影响了相关机构（学校、教师专业发展部门）对教师的评价。在很多情况下，对教师的评价都依赖于学生评价。教师在对学生进行评价时往往显得过于苛刻或是过于焦急，有时甚至明知自己的言行不妥也仍走“高压线”，其主要原因是教师在对学生进行评价时碍于“生存”与“发展”的双重压力，只好趋向于一种“不得不”的价值判断标准，甚至有可能会做出“违法”的评价行为。

教师在评价学生时坚持合法性原则主要应从以下几方面加以注意。其一，规范评价语言和行为，坚持合法性原则。避免使用讽刺、挖苦、侮辱、诽谤、歧视等性质的评价语言对学生的学习行为习惯和学业成就做出评价；杜绝因学生成绩不理想或课堂纪律不合格等而对学生进行体罚或变相体罚；避免用成绩对学生进行恐吓和威胁。其二，保护学生的隐私，遵循保密原则。在未得到学生允许的情况下，不得公布学生的成绩或将学生按照分数排序。其三，在进行外部大规模测验或者考试的过程中，教师不能人为地将一些成绩不好可能会影响学校或班级集体成绩及教师教学质量的学生排除在外。

（二）提升评价自主：教师评价能力发展的源动力

影响教师评价能力的关键因素有两个方面：其一，教师专业发展内动力不足；其二，外部评价的干预和影响，特别是强调教师业绩和学生成绩的评价方式。教师评价能力的发展与教师的专业成长一样，需要教师激活作为专业成长主人的内驱力。教师要发展与提高评价能力，就必须明确“评价”在学生学习与自身专业成长中的作用。教师只有将教、学、评看成是一个相依的整体，并在合理范围内主动探索避免外在因素影响的具有个人风格的学生评价机制，才能从根本上把握评价的过程。教师在自身专业成长过程中，要更多地意识到教、学、评三者的关系，任何一方都不可偏废。只有让教学、评价摆脱考试的制约，才有可能实施促进学生全面发展的素质评价，教师的评价自主才有可能实现，其评价能力水平才有可能提高。

（三）锻造评价机智：教师评价能力发展的关键手段

“赫尔巴特断定机智在实践的教育行动中占据着特殊的地位”，认为“机智介乎理论和实践之间”；“在日常生活里我们‘作瞬间的判断和迅速的决定’

的过程中机智自然地展现出来”；“机智是一种行动方式，它‘首先依赖于人的情感或敏感性，仅仅从遥远的意义上依赖于由理论和信念形成的判断’”；“机智对情境的独特性非常敏感”；“机智是‘实践的直接统治者’”。[①] 同时，机智“是瞬间知道该怎么做，一种与他人相处的临场智慧和才艺”[②]。教育机智指的是“那种能使教师在不断变化的教育情境中随机应变的细心的技能”[③]。范梅南认为不应将机智看作理论转换成实践的工具，而应该将其看作是一个帮助我们克服理论与实践分离问题的概念。教师评价能力的发挥，不是评价理论在实践中的简单应用，受到教师所处时间、空间及学生行为表现等的影响和制约。亦即，时间上的紧迫感与空间上的当下性，需要教师在有限的时间内迅速做出决定，这就排除了许多在理论上可能的行动路线和方式方法。[④]

在学生评价过程中，很多时候教师都要面临即时性甚至突发性的带有鲜明情境特征的各类学生作答、语言、行为等。当学生的作答或对学生做出的评价与教学目标相背离时，更需要教师的评价机智发挥作用。评价机智是指教师在学生评价过程中，能够根据不断变化的情境对学生做出恰当的符合目标的评价的能力。对教师而言，恰当的评价机智一般要满足学生发展、教学目标、评价目标的需要，符合情境并能照顾学生个体的情感需求。进一步说，无论教师在课堂教学中的评价机智如何，都应照顾学生的心理逻辑、学科逻辑和教材逻辑。亦即，教师这种随机应变的评价能力要具备发展性、针对性和境域性。

针对个别学生的关键事件，教师可根据实际情况发挥评价机智，采取“悬置”的评价方法。教师的评价机智直接关系到评价的效果和学生的接受程度。有些时候，教师过度的、不恰当的评价会适得其反。在案例 6-1 中，W 教师将“冷处理”的评价方法用在了班级中数学思维较活跃、性格较开朗的男孩子身上。W 教师对班级中每个学生的行为习惯、性格特点都拿捏得比较准确，能够根据学生的个性特点选择合适的方法，对自己的评价行为有清晰的认识。学生访谈也印证了 W 教师平时并不是对这名男生不关注、不提问，只是

① 〔加〕马克斯·范梅南. 教学机智——教育智慧的意蕴［M］. 李树英，译. 北京：教育科学出版社，2001：169-170.

② 〔加〕马克斯·范梅南. 教学机智——教育智慧的意蕴［M］. 李树英，译. 北京：教育科学出版社，2001：165.

③ 〔加〕马克斯·范梅南. 教学机智——教育智慧的意蕴［M］. 李树英，译. 北京：教育科学出版社，2001：246.

④ 陈向明. 理论在教师专业发展中的作用［J］. 北京大学教育评论，2008，06（01）.

本节课没有关注他而已。实际上，这种“悬置”性的评价行为，恰恰发挥了评价的隐性功能，使学生意识到了自身行为的不妥之处。(案例 6-1)

案例 6-1 带有明确目的的“冷处理”

学生访谈	教师访谈	情景描述
F：这节课你感觉怎么样呀？ S-5-T：没什么感受，基本上都会，不是很难。 F：我看你很喜欢组装和拆卸啊。 S-5-T：还好吧，不能发言总要有点事情做吧。 F：那平常你发言的次数多吗？ S-5-T：还可以。有的时候每节课都能有一次发言。 F：每个人都能有吗？ S-5-T：差不多吧。因为班级里人不怎么多。但排除一些不爱说话的，其实人家学习也挺好的。 F：那今天为什么呢？ S-5-T：可能老师觉得我没听课吧。 F：为什么不听课呢？ S-5-T：呃……注意力没集中，一不小心就溜号了。	F：我有个疑问，您为什么提问 $Z_{(男)}$ 和 $Z_{(女)}$ 各 3 次，可是 T 一直在举手，你却没有叫他。 T-J-5-2：我并不是忽略 T。这节课他状态特别不好，我不想在全班同学面前批评他。实际上，他是班级里思维比较活跃的学生，数学学得也还不错，但是总是不稳。 F：成绩不稳定？ T-J-5-2：是做题不能完全正确。这样的孩子，他能正确认识自己。你看着他是在玩，实际上他在听，对于他来讲，第二课时有点“吃不饱了”。这样的孩子，你要换种方法，这节课我不叫他，他回去自己会反思的。不能一味激励，冷处理有时候也比较有效。	整节课上在老师教的过程中，T 同学一直都在低头摆弄、拆、组装他的笔。但是每一次提问他都举手，有 3 次左右，可是老师每次都没叫到他（这其中包括后来整节课被提问过 3 次的一个女孩子）。他摇了 3 次头后，不再举手了。又过了一个环节，老师让同学们读题，这次他又举手，可是又没轮到他，老师提问了一个思维敏捷的小男孩儿（本堂课发言 2 次）。到分析题目及题干要求时，他仍旧举手了，这次还是没轮到他。他垂头丧气悻悻地放下那高举的左手。接下来，他就断断续续地参与课堂，继续组装他的圆珠笔，再也没有举手。

［注］F：访谈者；S：学生；S-5-T：五年级 T 同学；T：教师；J：学校；T-J-5-2 即 J 校五年级第二位数学教师。

（四）学习反思性评价知识：教师评价能力发展的重要基石

按照哈贝马斯的观点，人类的知识主要有经验—分析的知识、历史—解释的知识、批评—反思的知识等三种类型，分别对应技术的认知旨趣、实践的认知旨趣、解放的认知旨趣等三种认知旨趣。国内学者施良方在其著作中也有论述，他认为：“这三种知识类型实质上是三种认识水平。在任何学科中，对技术控制的兴趣，会引导我们去认识与该学科相关的所有事实，在这方面，经验—分析的知识是有用的；对理解隐藏在事实背后的意义感兴趣，会导致我们去探索内部的东西，把各种因素联系起来，在这方面，历史—解释的知识是有用的；对自主性感兴趣，会使我们对学科内容做出批判性反思，或对自己进行批判性反思。”①

从知识的性质来说，教师评价知识主要有评价的理论性知识和评价的实践性知识。但从认识的水平上看，教师评价知识的学习同样也会经历这三个类型（水平）。一般情况下，教师在正式任教前的各类学习中，对相关评价知识的关注与学习都停留在“经验—分析的知识”层面，能够结合自己的认知对书本知识及相关案例进行思考，并从学科视角了解或理解相关评价知识，此时教师的评价知识水平处于技术的认知旨趣层面。教师入职后，在日常教学及对学生进行评价的过程中，开始思考学生评价及其意义，并能结合自己的教学做出关于学生评价的认识和总结，其认识水平停留在“实践的认知旨趣”层面。这时的教师更多关注如何在实践中应用评价知识，或已有知识对学生评价的指导作用，而缺少对自身评价知识、评价行为及学生评价结果等的反思与批判，元评价知识匮乏。教师的知识学习应从“技术的认知旨趣”经由“实践的认知旨趣”走向“解放的认知旨趣”，关注自身评价知识及应用的合理性与科学性，对评价知识的应用及自身的评价行为做出恰当的、批判性的反思。

（五）革新学生评价方法：教师评价能力发展的实践策略

教师要结合学科特点及个人教学、评价风格凝练一套完整的评价方案，并根据考察问题侧重点的差异做适当调整。如何使学生摆脱高强度“教—学—背/练—考”的学习方式，实施以素养为本的评价，而又不给学生再添重担，是教师最需要考虑的问题。“因为我们不能直接打开学生的大脑，去看看他们是否具备了数学问题解决的能力，我们只能通过一些数学题来测试他们对这个能力的掌握水平。你为每个特定的学业目标选择合适的评价方法，就是去选择能让你最有效地（有理有据地）了解学生的学习程度的评价方法。”②

1. 实施基于情境的问题驱动式评价

小学数学教师可借鉴 PISA 数学测试，尝试问题驱动式教学与评价方法。问题驱动式教学与评价方法大体可分为六步。

（1）洞悉数学问题的本质。对学生的数学素养进行考察和测试，明确该

① 施良方．课程理论：课程的基础、原理和问题［M］．北京：教育科学出版社，1996：73.

② 〔美〕Richard J. Stiggins. 促进学习的学生参与式课堂评价［M］．国家基础教育课程改革“促进教师发展与学生成长的评价研究”项目组，译．4 版．北京：中国轻工业出版社，2005：76-77.

数学问题是在哪一领域，考查学生哪些数学知识与能力。必要时可将一个数学问题划分成几个子问题，通过程序性任务和探究活动来完成。

（2）根据数学问题创设真实情境。在对学生进行测试时，教师要结合数学问题，创设与学生现实生活密切关联的生活情境。

（3）设定评价标准，包括评分细则和等级水平等。在测试前设定学生问题解决的等级水平，每一等级水平要描述学生在问题解决过程中不同素养的具体表现。

（4）测试过程聚焦学生的数学思考、数学表达、数学交流，让学生学会“用数学的眼光观察现实世界，用数学的思维思考现实世界，用数学的语言表达现实世界”。这也是“学会学习”的重要体现。

（5）科学分析评价结果，适时反馈。教师根据学生的实际情况，对不同层级学生的问题解决水平做出客观解释和分析，同时将结果反馈给学生，并遵循评价伦理。

（6）根据测试结果改进课堂教学。基于情境测试的教学改进着眼于全体学生，对不同层级学生的素养发展有不同作用，评价的焦点从学生成绩转向学生素养。这里所说的情境一定要有指向性，直指测试者所要了解的目标；还要有类真实性，该情境镶嵌于常见的生活之中，甚至就是生活的一部分；更要具备隐蔽性，因为要区别于正规的“教育场景”，不能让被试者轻易识破，故而越隐蔽，得到的结果就越真实。①

2. 尝试非纸笔测试等新兴评价方法

教师也可以结合教学实际和评价活动经验尝试非纸笔测试等评价方法。比如，对低年段学生可通过口试进行期末作业评价。具体说来，教师可根据测试对象和目的编制口试题目，在口试题编制过程中要明晰题目设计的意图，设立相应的评价标准，划分出相应等级水平，描绘每一等级水平对应的素养水平和现实表现；在实施口试的过程中，要特别注意教师自身因素、物理环境、学生语言水平及心理发展状况等对测试效果的影响；测试结束后要对口试结果做成效分析，分析测试过程中的影响因素及其与纸笔测试的差别。② 可借鉴国内外

---

① 仲广群．核心素养怎么评［J］．小学教学（数学版），2017（02）．

② 孔凡哲，赵晶，马丽．中小学数学口试评价设计的实践操作要领［J］．创新人才教育（人大复印），2016（02）．

其他大型测试（PISA、TIMSS 等）的评价方法，也可采用“能准确评价学生在真实情境中的问题解决能力、批判性思考能力、交流与合作能力等重要素质”① 的表现性评价，等等。总之，不仅要立足学生核心素养，将焦点放在每一次评价的厚度与深度方面，更应认识到知识、成绩与学生的发展并不冲突。(案例 6-2)

案例 6-2　成绩与发展可以“兼顾”

学生访谈	教师访谈	情景描述
F：这节课你有什么感受呀？ S-6-×：感受？ F：我看 X 老师挺关注你的。 S-6-×：是的。之前我溜号了，老师还叫我回答问题，我有点不好意思了。 F：那后来呢？ S-6-×：我认真听课，X 老师还表扬我了呢！ F：说你的线段图画得好。 S-6-×：对！ F：那你为什么溜号呢？ S-6-×：我也不知道，有时候是不由自主的，幸亏×老师及时点醒了我。	F：我看这个班级的学生整体学习氛围还不错啊？ T-J-6-1：是的，这个班级的学生情商都很高，工作能力也强。 F：您是指？ T-J-6-1：主要是指他们在学校各类团体中担任的职务，还有日常老师交给的各项工作，特别有思路、有条理，而且善于处理人际关系。 F：是按照成绩分班的吗？ T-J-6-1：没有，完全是随机分的。其实还在于老师怎么引导吧。 F：您是指？ T-J-6-1：这个班的孩子，我从一年级带过来的。其实我不是太关注学生的成绩，主要是激发学生的学习兴趣，让他们养成良好的学习习惯，其次才是知识的学习。 F：那您觉得在学生学习的过程中教师应扮演怎样的角色？ T-J-6-1：教师一定要引导学生形成自己的学习方法。 F：那成绩怎么办呢？ T-J-6-1：事实上，我们两个班级的成绩都很不错。但在教学中，该强调方法的时候我强调方法，该强调结果的时候我也抓成绩。但是，你一定要先有学习的过程。学生不能死读书，一定要让他们有自己的成长。	分数混合运算的要点之一是画线段图。教师在巡视过程中着重表扬中间右排的一名男生：“这次画得不错。”

[注] F：访谈者；S：学生；S-6-×：六年级×同学；T：教师；J：学校；T-J-6-1 即 J 校六年级第一位数学教师。其中“～～”表示学生访谈中的关键话语；“____”表达教师访谈中的关键话语。

3. 学生自评与同伴互评机制

建立学生自主评价机制，有利于充分发挥学生在评价中的作用，从而使复杂的评价变得可行；有利于充分发挥评价对学生素质发展的激励、指导和促进

① 赵德成. 表现性评价：历史、实践及未来 [J]. 课程·教材·教法，2013，33 (02).

作用，引起学生自主的心理过程，发挥学生的主观能动性，充分发展学生的自主意识和自主能力。①

一方面，在课堂教学及一些探究性任务和结果性评价中，教师要充分关注学生作为独立个体对自己的学习计划、学习态度、学习策略、学习成就等的认识与评价。当然，鉴于小学生的年龄特点和心理特征，教师一定要加以正确引导。另一方面，教师在对学生进行评价，尤其是针对日常作业、随堂练习和随堂测验时，或在小组学习中，可充分调动学生进行同伴间评价的积极性。在课堂教学中，学生要学会倾听并能对同伴的表现给予恰当的评论，对一些答案或者学习任务完成情况进行评价和讨论。在常规课中也可尝试多主体评价的方法。教师对学生自我评价和同伴间互评要做出恰当的反馈和评价。在这一过程中，只有充分调动学生主动参与的积极性，才能消解学生与教师在评价中的二元对立关系，改变单纯的教师作为评价主体的状况。（案例 6-3）

案例 6-3　常规课中的多主体评价

教师访谈	情景描述
F：我注意到您刚才问学生“你们自认为都会对吗?”您觉得他们自己能正确、真实地反馈给您吗? T-J-4-1：是的。会的。这已经是惯例了。但是有一部分学生碍于不好意思，不会举手示意我说自己不会的。 F：但在练习的过程中，您又让同桌之间互相检查。 T-J-4-1：是的。可能你没发现，在我巡视的过程中，有个女孩子偷偷告诉我她同桌的一个男同学不太会量角，所以，我又指导了他们两个一遍（尤其是男同学）。 F：哦。怪不得您在后来讲练习的过程中说“我希望孩子们都能实事求是，会就是会，不会就是不会”。 T-J-4-1：而且我给了他们多种方法，我相信同学们总会选择一种自己喜欢的方法。要么自己举手示意我（当然，包括在我巡视时有同学要求我给予指导），要么同桌之间相互交流，或者下课的时候再寻求指导。我相信我们班的孩子。	本节课中，教师在对角的度量、指定度数角的画法等内容进行复习。在做练习之前，老师强调，角的测量和画法在期中考试的时候一定会考，谁不会量、不会画，请举手，再解决具体问题。此时，教室中寂静一片。T-J-4-1 反问道：“你们自认为都会，对吗？好，那么我们进入练习环节。”在处理练习的过程中，T-J-4-1 发现还是有个别同学存在不同类型的问题。在学生动手操作的过程中，T-J-4-1 号召同桌之间互相指导。在巡视课堂时，教师对个别学生给予了指导。在本节课要结束时，L 对知识点进行了总结，并额外强调：“虽然练习了一节课，我知道肯定还有同学存在这样或那样的问题。如果还有同学不会，课间来找我，我再单独教你。”

［注］F：访谈者；T：教师；J：学校；T-J-4-1 即 J 校四年级第一位数学教师。

① 丁念金．论学生素质发展评价的个性化理念［J］．上海师范大学学报（哲学社会科学版），2014，43（04）．

学生评价中的主体主要有教师、同伴及学生自身。在常规课教学中，学生对自我的评价较少，对同伴评价运用的频率也低于公开课。在案例 6-3 中，L 老师充分调动了学生的积极性，运用了教师的评价、学生的自我评价、同伴评价等评价形式。案例表明，针对不同问题，学生总能找到适合自己的方法并解决问题。

二、小学数学教师评价能力发展的学校行动

按照帕森斯等人的观点，学校管理层面的领导和促进作用是组织得以持续发展的重要条件。教师评价能力的提升离不开学校内部组织和制度的引导。要提升教师的评价能力，就必须从学校层面进行以校为本的教师专业学习和教师评价改革，只有在学校场域彻底转变对教师的评价观念及教师专业学习的模式和性质，才有可能将教师从大量的硬性指标中解放出来，促进教师专业能力的发展。

（一）构建以校为本的教师评价能力发展机制

1. 以校为本的评价方式探索

（1）学生评价方式的转变：由统一走向个性化

学校场域下学生评价一般包括学校内部评价和外部评价。在我国基础教育领域，学校场域中的学生评价在外部评价的牵引下，从不同侧面、不同程度地保留着传统考试文化的弊习，“当每一所学校、每一个教师和学生的评价权利被剥夺时，当每一所学校的日常评价活动变成以‘中考’和‘高考’为核心的各类外部评价活动的复制和准备时，教育是不可能有内在价值的，教师不可能发展其专业创造力和社会责任感”①。当然，我们不可否认学校教育与学生评价要承担应有的社会责任，发挥其应有的工具价值。但这不应是全体学生评价工作的中心和重心，学生评价方式的转变最根本的就是要从当前整齐划一的过度标准化评价转向标准基础上的个性、自由、全面的学生发展评价，更应注重评价的育人价值与功能的实现与否，在注重评价的育人价值与教育价值实现的基础上，探讨评价与人才培养为社会服务的职能。

---

① 张华．把准教育评价改革的方向［J］．教育评价与测量（理论版），2010（02）．

（2）教师评价的焦点转向：量化评价到质性评价与量化评价结合

“面向21世纪的教学，应当是从‘教师中心’转向‘学习者中心’的教学。它是超越了传递教科书知识目标的能动教学，旨在发现每一个人学习的兴趣以及掌握学习的方式。”① 当前，课程内容、人才培养目标和学生评价目的都发生了转变。在这种背景下，学校对教师的评价焦点也应发生转变。一般情况下，基础教育领域的评价往往滞后于理念设计、课程实施、教学实践，基础教育领域的评价如何在原本相对滞后的情况下做出调适和改进至关重要。解放以学生成绩裁定教师业绩的量化评价方式至关重要。对教师的评价应该尝试质性的评价方法，淡化量化评价，或者在量化评价的基础上辅以质性的评价。这种评价应关注教师原有基础、潜能发挥、教学特色甚至学生评价特色，关注教师作为独立的个体、独立的“我”与他人的不同之处。同时，也应认识到，原本量化的评价方法并不完善。这就需要在完善量化评价方法的基础上，逐步探讨个性化的、质性的教师评价体系。

2. 以校为本的教师专业学习模式

在一些培训中，教育专家等倾向于为一线教师进行理论知识培训，“他们认为一线教师普遍缺乏理论，即使是非常优秀的教师也只是有一些‘个人经验’，而教师的专业发展需要理论②。”实际访谈发现，一线教师对一些理论问题是有正确认识的，至少是有初步感知和认同的，有些理论知识不足以解决实践问题。“评价能力是教师专业发展的重要因素，教师在课堂上对学生的评价是教师将所学评价理论及时转化为教育实践行为的过程，能帮助教师将理论和实践结合起来，形成一股提升教学艺术的合力。”③ 问题就在于一般情况下，国培、省培等各级培训，面对的是某一特殊群体（如各级骨干教师、优秀校长、农村教师等），采取的是相对集中的理论化学习，其形式决定了不可能很好地照顾和考虑所有教师的需求，更不能满足每位参加培训教师的个性化需求，但至少可以做到一点，各级培训可以合理平衡培训主题，避免过于宽泛和宏大的主题，可适当关注教育评价、学生评价、试题命制、质量监测、学生评价方法的介绍和解读等。

---

① 钟启泉．关注育人价值的课堂转型［N］．中国教育报，2017-11-8（005）．

② 陈向明．从教师“专业发展”到教师“专业学习”［J］．教育发展研究，2013，33（08）．

③ 覃兵，唐巧．教师主体课堂教学评价能力的审视与培养［J］．教育测量与评价（理论版），2011（01）．

“有效的教师专业发展应基于教师有效的专业学习，这种学习应是教师自我导向的、持续发生的、与教师的日常工作密切相关，而且能够得到学校学习共同体支持的。”① 从学校层面讲，需要探讨一种学习模式，弥补外出学习、集体学习的不足，能够针对教师在学校内遇到的常态化问题开展个性化、有针对性的策略性学习，解决教师在实践中遇到的问题乃至难题。

（二）小学数学教师评价能力发展的学校行动——基于N校小学数学评价实践的反思

本部分将教师评价能力的培养和提升作为学校办学、管理、发展中的关键问题，探讨教师评价能力发展的有效路径，以为从学校层面提升教师评价能力提供良好的借鉴（图6-1）。N校从学生评价实践中教师的角色和作用发挥入手，以对该校教师队伍结构、生源结构、数学组实际情况等的分析为依据，构建了该校小学数学教师评价能力发展路径。

N校作为地方政府与部属师范大学D校合作创建、采用非财政性资金投入的九年一贯制学校，2010年10月10日从零起步，创新实施“公办保障、民办运行”机制，学校植根于丰厚的江南水乡文化，确立“智慧的教育”办学理念，以教师的智慧成长为基点，以学生的智慧生成为目标，以塑造“智慧型教师”、构建“智慧型课堂”、培养“智慧型学生”、创建“智慧型校园”为基本途径，帮助学生学会做人、学会求知、省悟自律、智慧成长。调查发现，N校教师队伍结构呈现出教龄结构两极分化、中间力量匮乏，青年教师学历优势明显、教学经验不足，骨干教师教学经验丰富而再发展动力不足等特点。作为大学（university）与地方政府（government）合作创建的学校（school）（此模式的缩写为“UGS”，或“US”），N校实行民办自主招生与政府委托学区生并存的方式，因此其生源构成一部分为走读的学区生，一部分为民办自主招收的住宿生。截至2017年10月，N校小学部共有32个教学班，学生总计1139人。因此，在对自主招生部分学生进行招生时要结合实际情况对学生进行考查，但又不允许笔试，N校将平时对学生进行口试评价的方法运用到学生面试过程中，通过与学生聊天，设置有一定情境的数学问题，对学生

① Mellong Graven, Stephen Lerman. *Communities of Practice: Learning, Meaning and Identity* [J]. *Journal of Mathematics Teacher Education*, 2003(06).

数学学科的能力和素养进行了考察。小学数学组作为N校的特色教研组，共有17位数学教师。小学数学教师与全校教师的整体情况类似：其中一半左右的教师为D师范大学教育学或数学教育专业的硕士毕业生，其中一位为本科毕业生，一位是在职考取的硕士研究生；另外一半的教师是来自本地的成手教师，他们大多教学经验和应考经验丰富。基于小学数学组的实际情况，N校在整体设计的基础上，在小学数学组率先开始学生评价的尝试，逐步形成了以校长为首席教师的集教学和研究为一体的专业学习与发展共同体。

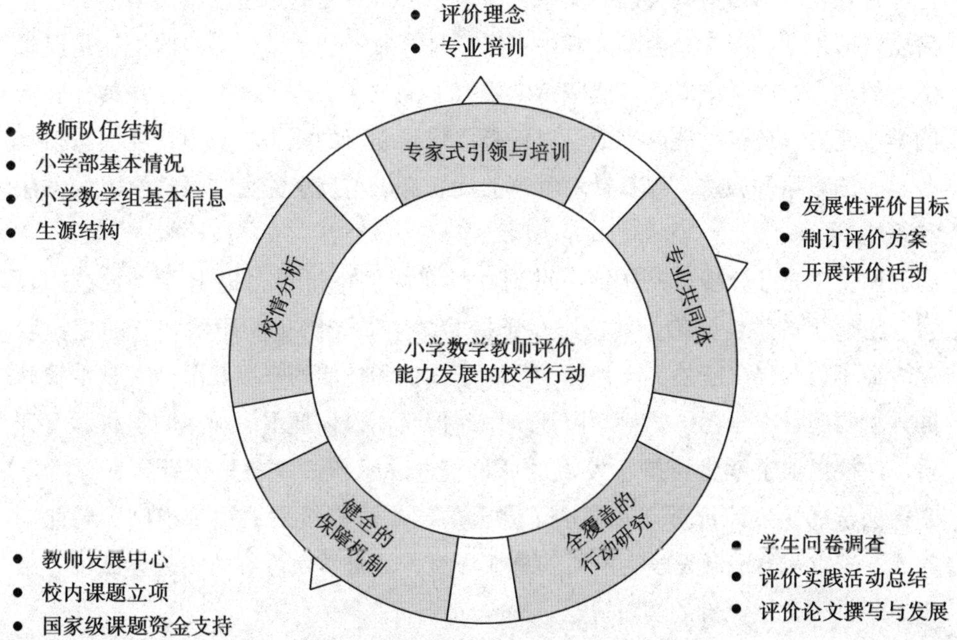

图6-1　小学数学教师评价能力发展的学校行动

1. 分析学生学业评价的政策

2010年，浙江省教育厅颁布《关于切实减轻义务教育阶段中小学生过重课业负担的通知》（浙教基〔2010〕127号，以下简作《减负通知》），提出了“六个严格”和“六项制度”。“六个严格”是指严格开设课程、严格控制学生作业量、严格控制补课、严格规范考试管理、严格确保学生的休息和锻炼时间、严格规范招生秩序。

2013年，N区下发了进一步落实中小学“减负”工作各项要求的通知。N校为积极响应省、市、区关于“减负”工作的号召，积极组织全校师生召开研讨会，学习《减负通知》中的各项规定和要求，明晰自身职责，明确在学校必须避免的行为。各个教研组和年级组先后制定落实计划，小学数学组在这一过程中反应相对迅速和及时，且很多做法成效显著，校内其他学科、其他教研组纷纷效仿和改良。

2. 依托专家式引领与培训

(1) 评价理念先行，校长的专业引领作用凸显

N校在校长K教授的牵头下，从本校“智慧的教育”办学理念出发，论述了智慧发展与可持续发展的关系，将学生可持续发展定位在激发学生的个体潜质，即乐学、能学、会学。其中：乐学是开展一切活动的必要前提，是保障学习的动力；能学则既包括能坚持学习（具备必要的学习毅力），并具备必需的学习能力，还包括能够完成学习任务，保障学习的能力和毅力；会学包括具备学习的策略和方法，以及针对学习的反思意识与反思能力，保障学习的方法和策略①。

N校在充分分析该校九年一贯制办学实际的基础上，提出了“智慧的教育”理念下的学生评价，其核心在于检验学生对于终生受用的智慧的把握状况，而不仅仅局限于检测、评估学生对于知识和技能的掌握状况。对学生智慧的评价要蕴含在学生的学科学习评价中，但又不仅仅局限于学生的学科学习评价。N校提出了学生可持续发展的评价理念，系统、完备地设计了乐学、能学、会学的学生评价重点，制定了健全的学生可持续发展评价细则。与此同时，N校重视营造激发学生潜质的外在环境，从对学生评价的实践尝试中总结出了一系列学生评价的实践智慧。

校长K教授在充分的理论与实践论证基础上，提出了学生数学学习可持续发展在不同学段的具体表现。② 对于小学生而言，可持续发展更多地表现为愿意学习数学、能学习数学、会学习数学，即具有浓厚的数学学习兴趣、良好的数学学习习惯、科学的数学学习方法、健全的身心、初步的社会责任感、向上的精神。对于初中生而言，可持续发展既包括具备进一步学习数学的信心、兴趣和能力，更包括愿意主动接触数学、能够从数学的视角分析处理日常生活

---

① 孔凡哲，汲长艳，田东晓等．学生可持续发展的评价标准及其保障措施［J］．中国教育学刊，2015（03）．

② 孔凡哲．基于可持续发展的学生评价的具体内容与实践案例［J］．小学教学（数学版），2014（06）．

乃至未来工作中的相关问题，即在小学生应具备的六个层面基础上，增加了创造的激情。“这七个部分相互支撑、共同构成一个整体。其中，前三个部分对应于学生可持续发展的内因，‘健全的身心’为之提供物质基础，‘向上的精神’‘积极的社会责任感’提供方向保障和外在保障，而‘创造的激情’决定学生可持续发展的质量。这七个部分既是衡量学生能否可持续发展的参照标准，又是促进学生可持续发展的抓手。”① 校长 K 教授带领学校教师群体，在“智慧的教育”办学理念的指导下，提出了学生可持续发展的评价理念，并从理论层面对小学和初中阶段学生的评价目标与内容做出了细致阐释和理论解读，同时还结合小学数学学科开展了一系列评价实践活动。

（2）专业培训支撑，校外专家定期点拨

作为校内数学学科的首席教师，K 教授具备基础教育数学学科的教学经验；作为大学教授、博导，K 教授又具备较强的理论功底和学术研究能力。在 N 校的评价实践中，K 教授在实践与理论层面给予了小学数学学科专业化的引领。同时，还利用其数学教育专家的身份，不断邀请国内外专家到校为教师进行系列化讲座，每次讲座都聚焦不同的主题，主要解决教师关心、学校发展亟待解决的一系列问题。N 校出于对学生评价的重视，曾多次邀请相关高校教育及教育评价领域专家专门开展以评价为主题的系列专题讲座和学术研讨活动。如，特别邀请 D 师范大学学校改进项目团队教师对学校发展的一系列问题进行学术讲座、学术座谈，为学生数学学业评价发展献计献策。一系列活动为 N 校教师开阔学术视野提供了良好的契机。

特别地，N 校邀请当地的数学教研员和特级教师进入学校，开展“手把手式”的试题命制技术培训活动。首先，由试卷命题人进行命题汇报和分析讨论，教研组成员就核心问题和重要困惑问题积极讨论，两位专家适时点评，画龙点睛。其次，教师根据课时和分值比重、题型的分布、试题来源及试题变形延伸等，详细阐述试题命制情况，对实际考试情况进行跟踪分析，同组教师针对自己对试题命制及测试过程中的困惑进行讨论并提出解决策略。最后，专家从测试的角度就试卷命制的基本要求、注意事项等与教师进行交流。这样的具有针对性的培训和研讨活动使 N 校教师在掌握评价技术和本领方面获得了操

① 孔凡哲，汲长艳，田东晓等．学生可持续发展的评价标准及其保障措施［J］．中国教育学刊，2015（03）．

作性指引。

3. 构建执行力强的专业学习共同体

N 校小学数学组可持续发展评价实践活动的顺利开展，得益于一支执行力强的专业发展共同体，在专业理念学习和培训的引导下，N 校小学数学组不断根据本校实际明确落实学生可持续发展的具体思路。

（1）根据评价目标制定评价方案

N 校制定了《学生综合素质评价方案》及其实施方法，并不断召开评价方法论证会。小学数学组秉持理念先行、目标推动的基本原则，在理念引领的基础上，逐步确立了对学生进行数学学业评价的基本目标，即学生数学学习的可持续发展。也就是既要关注学生数学学习的结果、数学学习的过程，更要关注学生数学学习的潜质（未来发展的可能）。其最重要的目的在于促进学生在数学上的可持续发展，这种可持续发展既包括未来进一步学习数学的需要，也包括未来成为合格的现代公民所必需的数学素养的需要。①

鉴于此，N 校制定了《小学数学发展性评价方案》，规定小学数学学业评价主要由课堂即时性评价（过程性评价）、笔试评价、口试评价、数学活动评价等四种评价形式组成，其中活动评价占三分之一。这种可持续发展性评价方式是一种绿色的评价，兼顾学生知识的习得和能力的养成，更重要的是帮助学生形成终身发展受用的智慧。

（2）开展系列评价活动以落实评价方案

N 校在对小学生进行数学学业评价过程中的独特做法已初步彰显成效，并不断延伸到其他学科。鉴于纸笔测试这一评价方法由来已久，在当前中小学中较为盛行，且其测试一般均通过随堂测试、单元测试、月考、期中考试、期末考试等方式进行总结性评价，本研究对 N 校的纸笔测试这一评价方法不做介绍。

① 聚焦学生学习过程的课堂即时性评价

N 校设计制定了本校的课堂教学评价标准，从“教学设计”“教学过程”“教学效果”“教学反思”等 4 个层面提出了教师课堂教学评价的 17 条细化标准，“教学评价”作为教学过程中的一个条目被列入其中。该标准规定，教师

① 孔凡哲．基于可持续发展的学生评价的具体内容与实践案例［J］．小学教学（数学版），2014（06）．

要对学生的学习活动做出有效而及时的评价和反馈；对学生的评价要客观、合理、恰当，具有激励性；课堂教学评价应做到由点到面，点面结合，充分发挥课堂即时性评价的诊断、激励和改进功能。标准要求教师聚焦学生数学活动参与程度、合作交流的意识与能力、数学思考与发展水平。更进一步说，与目前国际上流行的PISA测试理念相一致，该标准要求教师在学生的数学学习过程中着重关注学生发现数学问题、提出数学问题、分析数学问题、解决数学问题的能力，同时关注学生同伴间合作解决问题的能力。在这一过程中，课堂观察、学习评价册、档案袋、数学日记等方式被广泛运用。

② 旨在考察学生数学思维与数学交流能力的数学口试

数学口试是N校探索过程性评价方法的一项重要举措。数学口试与纸笔测试的主要差异在于，数学口试可以解放学生的思维，在数学情境中激发学生的数学思维，启迪学生的数学思考，培养学生用数学语言进行表达和交流的能力，运用数学知识解决实际情境中的数学问题。N校小学数学组口试的一般流程为：教师初步命制口试题—召开口试题命制研讨会—确立口试题及评价标准—正式施测—学生调查—总结提升。

a. 初步命制口试题目

一般情况下，每位教师结合当前的学习进度、学生的实际情况及能引起学生兴趣的相关情境，根据本年级每单元的核心内容和易错点，编制若干道适合本年级学生的口试题，并确立相应的评分标准。教师在学年组内交流、整合、改进，最终形成年级组的口试题集。在这一过程中，要说明题目的测试方法、评价标准及相关测试准备。

b. 召开口试题命制研讨会

小学数学组定期召开小学数学学业评价研讨活动，“口试题”的命制是其中的主题之一。口试题命制研讨会一般由数学教研组组长主持，全校数学教师均要参加，每个年级组必须从题目考查内容、编制意图、呈现方式、评价标准等角度进行说题。根据小学数学组的实际情况，还要开展试题命制大赛活动。大赛有个人试题命制、说题展示（初赛）、评比（决赛）和精彩试题展等环节。口试题命制研讨会的目的是，通过汇报、现场点评、同伴间的激励来带动教师群体的积极性。

此外，数学学科首席教师、校长K教授也要参加口试题命制研讨会，并发挥其长期参与中高考命题、数学教育评价领域专家的作用。校长K教授认为，口试题一定要明确题目的评价标准，并适当降低难度，以更好地诊断学生的理解层次，为个别辅导和教学改进提供指向。低年段口试题既要有好的创意，又要有好的呈现形式，要区别于传统的、呆板的题目，要让学生在具体情境中呈现数学思考的过程和对数学本质的理解；中年段口试题要尽可能选择学生熟悉的真实生活情境，将数学本质渗透到生活情境中，让学生充分运用数学活动经验和生活经验体现出对数学内容的理解性掌握；高年段口试题要注重学生对数学内容的关系性理解，关注学生数学思考能力的培养。亦即，题目命制在技术上要“立意新、情景活、设问巧”，在策略上要满足“可读性强、贴近学生实际、注重潜质激发和能力测试”的要求。

c. 确立口试题及评价标准

在经历了自主命题、学术研讨、专业引领的基础上，最终每个年级组都要针对当前阶段的测试目标、教学内容、学生实际，汇总成一组适合本年级学生本阶段特点的口试题目，在集体讨论的基础上，形成其特定的评价标准，且这一标准根据不同情况可分为3或5个水平，不同的水平对应学生相应的数学理解水平。①

d. 正式施测

特别地，数学口试题的施测与纸笔测试的不同之处在于，数学口试需要考察学生的数学思维表达与运用数学语言进行交流的能力。在这一过程中，学生既要选择合适的数学问题进行思考，还要与测试教师进行沟通和交流，让教师明白自己的思考过程和思考结果。显而易见，环境、师生及口试题本身的诸多因素交互作用会对口试的顺利进行与否产生影响。②

e. 学生调查，总结提升

完成了对学生的口试，并不意味着口试活动的终止。在每次口试结束后，N校小学数学组都会根据当场测试的实际情况，设计个性化的学生调查问卷，辅以学生交流、访谈等，对学生感兴趣的问题情境和关于口试的建议进行汇总，根据学生调查的结果及测试结果进行汇总。在此基础上，再次召开年级组口试研讨会，一则是对活动的总结，二则（也是关键）是对口试题的客观性、

① 口试题样例。详见谷士晴．小学教师对数学口试认同情况的调查研究［D］．长春：东北师范大学硕士学位论文，2017.

② 田东晓，谷士晴．影响数学口试实测效果的要素分析［J］．创新人才教育（人大复印），2016（02）．

科学性、合理性、受欢迎程度进行评定，从而改进口试活动及其实际效果。

在接受访谈时，N 校很多教师都谈到口试的实施过程，并叙述了自己从不认同到认同的心路历程。目前，口试这一做法在 N 校民办招生的面试环节也被适当采纳。在招生面试时除与学生进行常规交谈外，还会给出一定的数学情境，让学生畅谈其所思、所想、所感。

③ 意在培育学生数学素养的数学活动性评价

N 校结合学生发展实际，开设了一门独具特色的校本课程——快乐数学。快乐数学每周 1 课时，由教师引导学生梳理当周学习内容，聚焦学生数学基本思想与方法的习得。作为“快乐数学”课程的重要考察形式，“快乐数学节”由两大部分组成：一是主体活动，每学年的 6 月份，学校组织开展一次数学游园活动；二是辅助活动，在游园活动开展之前，会辅以形式多样的数学趣味小活动，如“悦读数学家故事”“乐玩古代智力玩具（孔明锁、华容道等）”“趣题小比赛”等。“快乐数学节“活动以系列主题为单位，以丰富多彩的游戏活动为载体，以学生（集市式的）自主选择为主要形式，以自评、同伴互评、主持人评价等多元评价相结合的方式，让每个学生都能充分体会数学活动的乐趣，建立数学学习的自信心。①

4. 开展全覆盖的行动研究

在教育部人文社科基金项目“智慧型学校的实践研究与理论分析”成功立项后，N 校迅速组织子课题认领会、论证会，各年级组、各学科教师均可以申请自己的小课题，逐渐形成了依托国家级课题，融合市、区、校级课题的教学与科研相结合的研究氛围。

N 校小学数学组教师在校长及专家专业引领的基础上，能够结合本校实际情况不断开展各类评价活动，在实践中不断落实学校的“可持续发展评价”并向前推进。得益于该校科研兴校、科研强校的重要举措，小学数学组的教师形成了人人能写作、人人做科研的良好风气，将评价实践活动从研究的视角进行总结和升华，并在相关学术期刊发表、在学术会议上宣读。其中，关于学生数学学业评价的文章先后发表在国家级核心期刊上，或发表在专业期刊但被人大复印资料全文转载。在对学生进行数学学业评价的过程中，教师的评价理念

---

① 汲长艳，孔凡哲，王丽华等．聚焦学科素养评价与综合能力提升的“快乐数学节”活动［J］．小学教学（数学版），2016（02）．

和意识不断更新，评价实践操作能力得以提升，学术写作能力得到锻炼。小学数学组的经验先后在校内其他学科推广，N 校的发展性评价理念不断得到落实，学生综合素质评价的渠道和方法不断拓宽与丰富。

5. 构建完善的评价保障机制

N 校小学数学评价实践活动的顺利开展，得益于健全的制度保障机制、科研孵化机制及校长的专业引领。N 校作为九年一贯制新校，“公办保障、民办运行”的办学体制使其在学校运营过程中享有一定程度的自主权。N 校成立了教师发展中心、科研处，对教师专业发展中教学、科研等的奖励均有明确的制度，N 校科研兴校的理念也营造了良好的学术氛围，从而极大地调动了教师从事实践探索与学术研究的兴趣和动力。

N 校在评价制度的制定和实施、评价所需的经济支持、专业引领等方面得天独厚的优势并不是所有学校都能具备的，因此，在实际执行过程中，如何因应本校实际情况，建立相应的机制，以保障系列评价活动的可持续发展，是我们必须重点关注的问题。

N 校在深刻分析当前教师关心、学生需要、学校发展亟待解决问题的基础上，提出了口试、活动性评价等学生评价方法。这一系列评价方法的提出、贯彻和落实得益于该校专业的理念引领和扎实的实践操作。N 校小学数学组的骨干教师充分利用其丰富的教学经验和应考经验，在各类活动中能够从总体上把握各项活动的走向，避免表面繁荣和表面热闹式的活动性评价。而年轻教师则发挥其灵活的思维能力、良好的组织能力和相对成熟的科研能力，既能够从形式上保证评价的趣味性和可操作性，又能够从研究的视角推动活动性评价等评价方式的良性发展、循环往复。

当然，在积极倡导某一行为时，实际上可能会有意无意地排斥其他行为，这就要求学校在对学生进行校本化评价的同时，注意方式方法与实践操作性等问题，避免从一个极端陷入另一个极端。N 校的评价实践探索，在促进学生学习和发展的同时也提升了教师的专业能力，尤其是评价能力。N 校小学数学评价实践活动呈现出设计的科学性、程序的完整性和参与的全员性等特征。

设计的科学性主要是指 N 校小学数学评价实践活动在实践中呈现出了鲜明的特点，即其程序性较为清晰、科学。从校长的理念引领到基于智慧教育理念提出的学生可持续发展的构想，是 N 校小学数学评价实践的第一环节，也是依据教育理念与评价理论做出的顶层设计。小学数学组在整个评价实践过程中，结合本地、本校的实际情况，尝试探索出了“课堂即时性评价+笔试+口试+活动性评价”四位一体的学生数学学业评价模式，并在实践中贯彻落实发展性评价和绿色评价，这是N校小学数学评价实践的第二环节，是扎根于实际的实践落实。小学数学教师团队根据评价实践不断总结提升，改进评价实践活动，最终形成相关科研论文，这是N校小学数学评价实践活动的第三环节，即基于实践的理论总结与提升。这三个环节相辅相成，相互支撑，共同构成了N校小学数学评价实践活动的主要特征。

程序的完整性主要表现在N校小学数学评价实践活动的程序还呈现出独特的完整性，亦即无论是整个学科评价活动还是某一评价活动，都呈现出完整的程序性。N校在对全校学生学业评价的设计上，以教育理念和评价理念为先导，确立可持续发展的评价目标，制定相应的评价方案与实施建议，这一理念在前、贯彻和落实在后的行动从本质上是严格符合教育评价活动开展程序的。而小学数学组的学生学业评价，遵循理念先行、目标推动、实践落实、反思提升这样一个循环往复的过程，更是体现了其完整性。

参与的全员性表现为N校小学数学组评价实践活动科学合理的顶层设计、程序的完整性及外在保障机制的健全，调动了全体小学数学教师参与研讨和实践的热情与积极性，这样骨干教师和新手教师都能在实践过程中经历评价理论改进和评价实践操作水平提升的过程。

关键在于N校在系统解读相关评价政策、评价理论的基础上，遵循教育、评价规律，其评价方案具有可操作性。N校学生评价方案的可操作性源丁其学生评价目标的清晰性，能够从宏观上引领评价实践的走向。学校总体的学生综合素质评价方案包括数学可持续发展评价详细说明了评价目标、评价要求、评价活动组织、评价标准等实际内容，各个学科在制定活动评价方案时有依据和指南，因此各个学科制定的具体评价方案也呈现出评价目标清晰、评价内容具体、评价标准科学等特征，甚至对评价时间、评价人员注意事项、评价任务分配等实际流程都做出了说明，其实践操作性较强。

三、小学数学教师评价能力发展的外部支持

“当组织和个体受到一组相似的制度支配时，可以称之为存在于某个制度场之中。在制度场中行动者（包括个体、网络和组织）认可、支持、参与由

社会制度指令的仪式与行为，按照社会制度的指令接受约束与动员。”① 在这一制度场中的任何教师都难免会受其影响和制约。

（一）考试文化—评价文化—学习文化

从某种意义上说，教育场域因其特定的组织和制度呈现方式而呈现的文化特性也会对场域中的各主体产生重要影响。教育场域中的考试文化规约了学校、教师、学生、家长、社会的观念和行动，教师评价能力的发展受到考试文化积弊带来的影响，因此，只有变革制度场中的文化氛围，从考试文化走向评价文化，继而走向学习文化。在评价文化的情境中，各主体之间形成了相互信任的氛围，将全部精力凝聚在学生成长为全面发展的人上。在学习文化情境中，师生间交往的主要目标在于学生的学习过程和素养发展。在学习文化情境中，教师专业共同体中同事间的交流与合作围绕着学校发展、教学中的问题、学生的发展和教师自身的成长进行。在学习文化情境中，学校行政力量对教师和学生充分尊重与信任，淡化学生成绩和教师业绩在学生评价和教师评价中的作用，更多聚焦学生全面发展和教师专业成长。在评价文化的作用和推动下，师生的发展将转向终身学习，进而营造学习文化氛围，消除考试文化带来的弊端，应对评价文化的需求。

（二）合理调动家长的辅助作用

一般情况下，“家长”是学生的父母或监护人，他们作为学生安全与成长中的重要利益相关者，在教师评价能力改进和提升中的作用颇显特殊。日常教学及学生评价中，教师与家长的沟通较为密切，各学校一般也都有本校的家校沟通平台；同时，班级授课制下的班主任班级管理也为各学科教师与家长沟通提供了便利，每个班级一般都有微信群或 QQ 群。在学生访谈中，一部分学生谈到家庭作业需要在家长的帮助和指导下完成，另外一部分学生则是自己独立完成家庭作业后由家长签字。目前中小学比较流行的就是家庭作业完成后给家长签字。学校调动家长辅助作用的另一种形式是，学校给学生布置开放性学习任务和作品制作任务时需要家长的协助。

---

① Nan Lin. *Social Capital: A Theory of Social Structure and Action* [M]. New York: Cambridge University Press, 2001: 237-239.

古巴和林肯强调评估是一个带有社会政治色彩的过程，是所有利益相关团体共同合作的过程。评估是一个教与学的过程，一个好的评估提出的问题比它回答的更多。评估是一个共享责任的过程。评估者充当着许多传统与非传统的角色。① 教师在对学生进行评价的过程中，同样也在政治、文化及社会性因素等方面面临着诸多问题，往往既要处理各利益相关者之间的关系，又要对学生评价结果做出回应性、协商性解释，在这个过程中需要学校、教师、学生及家长等的共同合作和参与。

教师评价能力的改进与提升需要发挥家长的辅助作用，主要是教师在对学生评价的结果进行解释和说明时，要从学生发展的角度给予恰当、科学的汇报。在家长会或日常与家长的沟通中，教师最需要完善的就是对评价目标的解释能力。当家长了解学生评价目标时，就更容易从教师的角度理解学生在学习中的问题及成就，也才能在家庭教育中更好地对学生进行引导，从而达到帮助教师进行学生评价的作用。

（三）各级教师培训中适当增加“评价”主题

教师培训作为教师职后学习的重要渠道之一，对教师的专业成长意义重大。近几年国培、省培等各级培训的兴起，为教师到各地参与各级培训提供了空间和便利。与此同时，培训本身的实效性也越来越受到关注。义务教育阶段教师培训的现状是：教师培训层级的中心在逐渐下沉，校本研修已占最大比例；但因培训的内容理论太多，大多通过大班讲授的方式，很难满足教师对教学实际操作的需求；中西部农村贫困地区教师的培训机会明显少于城市教师，用于培训的经济支出负担过重，而且出现了“中部低洼”现象；同时，对培训者的培训不足，培训者的素质及发展受到关注。② 而且，各级教师培训往往缺少评价主题，且其操作难度也比较大。

由于教师评价能力关涉学生评价与发展，关系到学校教学效果，因此，各级教师培训在课程设计、专家邀请、实践安排等方面也应充分考虑到“评价”这一主题，不仅要介绍当前流行的国际大型测试的形式、进展、测试结果等，

---

① ［美］埃贡·G. 古贝，伊冯娜·S. 林肯. 第四代评估［M］. 秦霖，蒋燕玲，等译，杨爱华校. 北京：中国人民大学出版社，2008.

② 陈向明，王志明 . 义务教育阶段教师培训调查：现状、问题与建议［J］. 开放教育研究，2013，19（04）.

还应适当增加各个国家及国内各中小学常用的新兴评价方法的操作性案例及课程，有条件的还可以组织教师到全国各地评价特色学校或评价经验丰富的学校参观，结合实地参观，培训专家现场讲解，使评价的知识和实践操作同时在培训中显现，实现教师参加培训的效果增殖。

四、本章小结

小学数学教师必须借助自我改进、学校行动及外部环境支持等方式提升自身的评价能力。首先，在对学生进行评价的过程中，小学数学教师应以全面发展的人为终极目标；遵守评价伦理，逐步提升自身的评价自主能力；加强反思性评价知识学习；锻造评价机智，使自己在不同情形下都能对学生做出科学、合理的评价；同时，革新学生评价方法，实施基于情境的问题驱动式评价，尝试非纸笔测试等新兴评价方法，建立学生自评与同伴互评机制。其次，学校应该逐步探讨以校为本的评价方式和专业学习方式，立足学校行动改进和提升教师的评价能力。N 校小学数学组评价实践活动的剖析，为学校层面教师评价能力的改进和提升提供了蓝本。最后，从外部环境讲，需要由考试文化走向评价文化，构建学习文化的氛围，发挥家长的辅助作用，在各级培训中应增加评价主题或专题。

第七章　结论与建议

基于核心素养的基础教育评价改革，要求一线教师能对学生核心素养做出诊断和评价，同时也对其评价能力提出了巨大挑战。本研究对教师评价能力内涵及要素的分析，为研究小学数学教师评价能力的现状、实践样态奠定了基础；基于教师问卷中选择题及师生访谈资料的分析，初步厘清了小学数学教师评价能力的内涵及其影响因素。本研究认为要提升小学数学教师评价能力，必须从组织结构的整体性出发，关注教师自我改进、学校行动及外部支持作用的发挥。

一、结论

本研究围绕教师评价能力的主要内容，小学数学教师评价能力的现状、实践样态、影响因素与发展路径分别展开，基于专家咨询、样本教师问卷、课堂教学视频、学生作业和试卷分析，主要获得了以下结论。

（一）确立了教师评价能力的主要内容

教师评价能力是指教师在教育教学过程中对学生进行评价的能力。研究通过文献梳理、专家咨询、理论分析廓清了教师评价能力的内涵及要素。研究从三维视角审视教师评价能力，即，从评价活动程序讲，教师评价能力包括确定评价目标的能力、设计评价方案的能力、运用评价方法与工具的能力、引导学生自评和同伴互评的能力、处理和运用评价结果的能力等5个方面，将《小学教师专业标准（试行）》中“激励与评价”维度的四点要求细化为5个一级维度、30个二级指标，从而细化和发展了《小学教师专业标准（试行）》界定的教师评价能力，使其更贴近小学教育教学实际。

从日常评价形式看，教师应具备形成性评价能力和总结性评价能力；特别是，要在延伸维度对教师评价能力发展过程中的评价伦理（公平、正义、合法）予以考虑。

（二）样本教师评价能力水平较高，总结性评价能力相对强于形成性评价能力

1. 样本小学数学教师评价能力水平较高，不同群体间存在显著差异

（1）小学数学教师评价能力总体水平较高

就样本教师群体而言，其评价能力总体水平较高（均值3.79）。其中确定评价目标的能力水平最高（均值3.92），但在了解及实施学生数学学业评价标准方面存在问题。设计评价方案的能力（均值3.71）及运用评价方法与工具的能力（均值3.70）相对较低。在评价标准的制定和采用非纸笔测试等评价方法及开发新的测量工具等题项上的均值相对较低；在与同事交流评价结果和评价结果的记录与查询两个题项上的均值较低。

（2）不同小学数学教师群体的评价能力水平存在显著差异

小学数学教师评价能力的群体差异主要表现在教龄、职称、地域上，在性别、学历、任教年级、任教科目层面不存在显著差异。具体说来，在教龄层面，样本教师在入职初期（前5年内）的评价能力水平处于相对较低状态；但随着教龄的增加、教学及评价经验的丰富，其评价能力会达到一定水平，之后在一段时间内趋于平稳（教龄一般在11~20年）；但当教龄达到20年以上时，其评价能力水平开始与其他教龄段教师存在显著差异，且出现了评价能力水平的最高值，尤其是在一些灵活性或者创造性评价能力方面相对较高（如评价方案的设计、评价结果的运用等）。类似地，小学数学教师的职称越高，其评价能力水平也相对越高。从教师所处地域看，样本教师评价能力水平按照城市、县城、农村的顺序呈递减趋势。城市小学数学教师评价能力水平在各个维度（设计评价方案能力除外）都与农村、县城教师存在显著差异。

2. 样本小学数学教师的总结性评价能力相对强于形成性评价能力

（1）小学数学教师形成性评价能力的实践样态

基于30节课堂教学视频的分析为了解小学数学教师评价能力的实践样态提供了更真实、鲜活的例证。首先，在形成性评价中，样本教师相对忽视评价目标，而更关注教学目标的实现。其次，教师更多关注“师评生”，而较少关

注学生自我评价。学生是形成性评价的主要对象，教师主要是针对学生个体进行评价，而缺少对学生集体的评价。再次，在形成性评价中，教师对学生“知识与技能”的评价居多，对“过程与方法”的评价较少，而对“情感、态度、价值观”的评价极少。最后，在公开课与常规课中，形成性评价语言的使用呈现两极分化趋势。

（2）小学数学教师总结性评价能力的实践样态

样本小学数学教师对学生的总结性评价相对固定化、程式化，且主要通过纸笔方式进行，教师独立自主命题能力有待提高。从试题来源角度看，样本小学数学教师对学生进行总结性评价的同步练习和试卷均非教师独立自主命制，同步练习来自学校统一订阅且与教材配套，学生试卷 D 校是教研组统一命制，J 校采用统一订阅的试卷并复印为学生进行测试。从评阅方式上看，小学数学教师对学生的日常练习采取等级评价、对学生试卷采取分数评价。从评语上看，J 校全体教师为学生练习撰写评语，D 校个别教师针对学生试卷中的典型问题撰写评语。从家长审阅方式上看，不同学校、不同教师在对学生进行总结性评价时，家长在其中的作用不同，D 校教师更多借助家长的力量。

通过对教师形成性评价能力与总结性评价能力实践样态的考察，研究者发现，就研究样本教师而言，相较于聚焦过程与方法，情感、态度、价值观，学生素养的形成性评价能力，教师针对知识技能测试所需的总结性评价能力较强，且主要表现为使用已有试题、试卷实测的能力（即使用评价工具的能力），而自主研发评价工具的能力较为薄弱。

（三）小学数学教师的评价能力受教师个体和外部环境因素影响

教师作为教育系统中关键的行为主体，其能力水平受制于所处的制度场及其中各主体的惯习。

1. 教师个体因素

小学数学教师评价能力的关键影响因素在于教师自身。第一，教师的学生评价观是根本因素，潜意识中对学生的分类及知识积累制约了教师评价能力的发展。第二，评价目标与教学目标的一致性程度是核心因素，教师在学生评价中表现出对学生评价目标的不确定性及“教-学-评”目标的“不一致性”。第三，教师的评价理论性知识和实践性知识水平是关键因素。

2. 外部环境因素

外部环境因素主要包含四个方面。第一，在考试文化影响下关注学生成绩的教师评价和聚焦学习成绩的学生评价。第二，小学数学教科书中蕴含的关于三维目标内容的比例是课程因素。主要是指小学数学教科书中多为与学科知识和学科思想方法相关的内容，与情感、态度、价值观相关的内容在教科书中倾向于隐性呈现。第三，"评价主题"的研究与培训经历是教师评价能力发展的支持因素。第四，利益相关者的行动方式是非教育类因素。课堂教学中重要利益相关者的缺场，面子与利益的驱使，有可能导致教师在常规课与公开课中区别对待学生评价。

此外，数学学科的专业属性对小学数学教师评价能力的影响并不明显。数学学科属性对小学数学教师评价能力的影响，更多地体现在教师专业知识及能力在评价学生思维发展中的作用。

（四）小学数学教师评价能力的提升应聚焦于教师自我改进、学校行动及外部支持

教师评价能力发展的终极目标应是学生的全面发展，教师在发展评价能力的同时应遵循评价伦理，秉持公平原则、正义原则和合法性原则。从教师层面讲，评价自主是教师评价能力提升的源动力；锻造评价机智是教师评价能力发展的关键手段；学习反思性评价知识是教师评价能力发展的重要基石；革新学生评价方法是教师评价能力发展的实践策略。从学校层面讲，应该构建以校为本的教师评价能力发展机制。学生评价方式应由统一走向个性化；教师评价应从量化评价过渡到质性评价与量化评价相结合。同时，可以借鉴 N 校小学数学教师评价能力发展模式。从外部支持角度说，整个社会应提倡评价文化而不是考试文化，教师应合理借助家长在学生评价中的作用，各级教师培训也应适当增加"评价"主题。

二、建议

（一）应进一步完善《小学教师专业标准（试行）》中关于评价的内容

2012 年颁布的各级教师专业标准，从教育教学设计、组织与实施、激励与评价、沟通与合作、反思与发展等角度提出了小学教师应具备的 23 个专业

能力，但并未对“激励与评价”等维度的内涵进行界定，其具体内容也不够详细。针对此，教师专业标准应对各维度的内容进行说明。同时，教师专业标准也应针对不同专业发展阶段教师的专业能力做出详细规定和要求。

（二）一线教师应协同发展评价能力与教学能力

1. 重新审视“评价”在学生发展中的功能

传统理念下，学生评价主要关注学生知识技能的习得。新课程改革要求教师关注学生能力的发展，对学生进行发展性评价。《中国学生发展核心素养》颁布以来，基础教育领域的评价实践活动开始指向学生核心素养的培育，教师要因应本学科特点、教师专业标准、课程标准、学科素养，重新审视“评价”在学生核心素养培育中的促进作用。

2. 有意识地使评价能力与教学能力协同发展

教师专业能力中最重要的就是教什么、怎么教、怎么评，前两者融合在一起称为“教学能力”，后者可概括为“评价能力”（或“教育测量评价能力”）。当前背景下，教师专业发展更多关注教师的教学能力，对教师评价能力的重视仍显不足，且其评价能力水平也有待提升。一线教师应有意识地将评价能力与教学能力结合起来，作为自身专业能力的组成部分而有意识地协同发展。

（三）小学数学教师可尝试非纸笔测试等评价方法

自20世纪中叶以来，数学教育领域的质量评价项目及相关研究不断兴起，国际上许多大型测试都将视角聚焦在学生数学学业成就、数学问题解决、数学素养形成等方面，且各类大型国际教育评价项目（PISA、TIMMS）的评价目标、测评维度、组织实施等相对科学、规范，在世界范围内产生了重大影响，掀起了教育评价和学生测评的热潮。一线教师可借鉴此类教育评价项目中的相关做法，分析其中的测评题目，并在实际教学中有针对性地评价学生素养，同时还可采用口试等非纸笔测试方法评价学生素养，发展自身的评价能力。

三、讨论

（一）研究的创新点

教师评价能力作为教师专业发展与教育评价领域的交叉问题，在基础教育实践中一直是难点。怎样对其进行界定，如何对其进行测量，都是尚未解决的问题。本研究的主要创新点可能有三。

1. 从三维视角对教师评价能力进行界定。在纵向上，梳理各个国家教师专业标准中关于教师评价能力的表述，在专家咨询的基础上，从评价活动的展开程序角度对教师评价能力进行概括；在横向上，从评价形式角度提出教师应具备形成性评价能力与总结性评价能力；在延伸维度上，评价伦理虽不属于教师评价能力，却是教师评价能力发挥的关键前提。

2. 本研究既从量化数据出发了解小学数学教师评价能力的现状，又聚焦小学数学教师评价能力在评价活动中的实践样态。基于课堂教学视频及学生作业、试卷的质化分析，在刻画教师评价能力微观样态上做出了尝试。

3. 本研究基于组织系统视角，从教师个体、学校行动、外部环境这三个层面对小学数学教师评价能力的发展路径进行了设计。本研究在教师个体层面给出了相关案例，在学校层面也分析了 N 校教师评价能力提高的有效举措，教师个体、学校教研团队可根据实际需要加以借鉴，明晰教师评价能力发展的关键点和着力点。

（二）研究的局限

评价理念、方法在实践中的落实是教育评价的关键，如何对学生的学习过程和结果进行测量是基础教育领域评价的重点与难点。作为评价主体之一，教师的能力水平对评价理念和方法的落实及学生评价效果的作用发挥至关重要。本研究虽从三维视角尝试对教师评价能力进行描绘，但毕竟教师评价能力在实践场域是纷繁复杂的，本研究的局限表现在两方面：一方面，基于课堂教学视频和学生作业、试卷的分析，从实践层面表现了教师评价能力的样态，但缺少对同一个体的长期追踪式研究。亦即，教师评价能力发展的轨迹如何还有待研究。另一方面，本研究的调查对象选择 J 省，课堂视频和学生作业、试卷分析选择了 D、J 两所个案校，这在一定程度上限定了研究结论只适用于样本教师，从而制约了其可推广性。

（三）进一步研究的问题

本研究对教师评价能力的内容，小学数学教师评价能力的现状、实践样态、影响因素、发展路径都做了初步探讨，获得了一些结论与启示，其所反映的与研究主题相关或者延伸的问题同样值得关注。

1. 教师自我感知的评价能力与其实践样态存在差别的深层原因

现状调查是针对教师对自身评价能力的整体感知，而从教师日常使用的评价形式出发对其形成性评价能力与总结性评价能力的考察，是以教师评价能力的实然样态为考察对象的。仅就样本数据来看，二者之间存在着一定的差别。一方面，问卷调查显示教师对评价目标的理解和把握相对恰当，但在实际教学中有时会为了实现教学目标而漠视评价目标。另一方面，问卷调查显示教师引导学生进行自我评价和同伴评价的能力较高，但在形成性评价中引导学生进行自我评价的频率较低，在总结性评价中只有学生的改错，也未体现学生的自我评价。

某种意义上说，这是教师对自身评价能力认知不协调的表现，后续研究可对这一现象及其背后的原因加以分析。

2. 公开课和常规课中教师的区别对待

问卷调查和课堂教学视频分析发现，教师对公开课和常规课的区别对待，绝不仅仅是重视程度上的差异，甚至有些教师虽然常规课教学不能使人满意，但在公开课中却可以相对成功或出色地完成教学任务。访谈中教师对这种区别对待是承认的，也表示是无奈之举和被迫而为。教师对公开课和常规课区别对待不仅表现在评价上，还表现在教学设计、学生练习、课堂组织等方面。本研究无意要求教师将所有的常规课都上成公开课，但，学生日常接受的都是基于常规课的教学与评价，如果教师不加大对常规课的重视与自我改革，真正意义上的课堂教学改革实效依旧不容乐观。

3. 具体情境中的教师评价能力如何测量

本研究从评价活动程序展开视角采用问卷调查的方式了解教师评价能力的现状，通过对课堂教学视频和学生作业、试卷的质性分析了解教师评价能力的实践样态。但能否开发新的量化测量工具对具体情境中教师的评价能力样态及水平进行测量，是未来需要进一步关注的问题。

结　语

教师评价能力既是教师专业能力发展与教育评价改革的交叉问题，同时也是学生评价实效的关键保障。特别是以核心素养为动因开始的新一轮课程改革，要求基础教育在课程、教学与评价等领域不断推进。作为检验“学生学会了什么”的关键手段，“评价”已发展成为“教学”的一部分，并对教师能力提出了较高要求。

本研究在比较各国教师专业标准中关于教师评价能力内容的前提下，结合专家咨询确定教师评价能力的研究维度，同时借鉴斯克里文关于形成性评价和总结性评价的观点，从评价活动程序和评价形式两个方面，采用量化与质化结合的实证研究思路，对小学数学教师评价能力的实践样态及影响因素做了刻画与阐释，并在此基础上设计了其发展路径。

研究认为，评价能力是以某种潜在状态内化于教师个体教学与评价风格之中的，只是在一系列因素的影响与作用下并未得到有效发挥。常规课和公开课中教师的种种区别对待也都是教师的无奈之举，应然状态与实然状态下教师评价能力自我认知不协调也是源于考试文化的积弊。教师评价能力提升的关键在于教师在专业学习基础上的自我改进；其次是构建以校为本的教师专业学习和评价改革机制；此外，还应获得家长等外部力量的支持，从“考试文化”走向“评价文化”，最终走向“学习文化”。

尽管研究从纵向、横向及评价伦理层面对教师评价能力进行了描述，也对教师和学生进行了大量的聚焦式访谈，但因篇幅所限，对教师评价能力中一些比较具体、细小问题的关注仍显不足。如教师对每种评价方法使用的能力和效果怎样？等等。教育改革—课程改革—教学改革，从本质意义上说，最终都需要借助“评价改革”来保证其效果。教师作为学生评价中的关键主体，其评价能力关系到相关改革的成败及育人目标的实现与否。

评价是一项重要、系统而复杂的工作，无论是从学校角度还是从教师角度，其操作难度都比较大。研究教师评价能力不能回避的有“教学”“学生”“课程”“学校”等关键词，裁定和划分好各主体间的边界，并在合理融合的基础上为教师专业成长和学生全面发展探索一条适合的路径至关重要。教师的自我成长任重道远，关于教师评价能力研究的探索还刚刚起步。

参考文献

（一）著作类

〔美〕埃贡·G. 古贝，伊冯娜·S. 林肯. 第四代评估［M］. 秦霖，蒋燕玲，等译，杨爱华校. 北京：中国人民大学出版社，2008.

〔美〕Michael Fullan. 教育变革的新意义［M］. 武云斐，译. 4版. 上海：华东师范大学出版社，2010.

〔美〕Richard J. Stiggins. 促进学习的学生参与式课堂评价［M］. 国家基础教育课程改革“促进教师发展与学生成长的评价研究”项目组，译. 4版. 北京：中国轻工业出版社，2005.

〔美〕W. James Popham. 促进教学的课堂评价［M］. 国家基础教育课程改革“促进教师发展与学生成长的评价研究”项目组，译. 3版. 北京：中国轻工业出版社，2003.

〔美〕W. James Popham. 教师课堂教学评价指南［M］. 王本陆、赵婧，等译. 5版. 重庆：重庆大学出版社，2010.

陈向明. 质的研究方法与社会科学研究［M］. 北京：教育科学出版社，2000.

陈玉琨. 教育评价学［M］. 北京：人民教育出版社，1999.

单志艳. 如何进行教育评价［M］. 北京：华语教学出版社，2007.

翟天山. 教育评价学［M］. 北京：高等教育出版社，2003.

〔美〕拉尔夫·泰勒. 课程与教学的基本原理［M］. 罗康，张阅，译. 英汉对照版. 北京：中国轻工业出版社，2014.

裴娣娜. 教育研究方法导论［M］. 合肥：安徽教育出版社，1995.

施良方. 课程理论：课程的基础、原理与问题［M］. 北京：教育科学出版社，1996.

万俊人. 现代西方伦理学史：下卷［M］. 北京：中国人民大学出版社，2011.

王汉澜. 教育评价学［M］. 开封：河南大学出版社，1995.

〔美〕约翰·罗尔斯. 正义论［M］. 何怀宏，何包钢，廖申白，译. 修订版. 北京：中国社会科学出版社，2009.

赵德成. 促进教学的测验与评价［M］. 上海：华东师范大学出版社，2016.

（二）论文类

陈向明. 从教师“专业发展”到教师“专业学习”［J］. 教育发展研究，2013，33（08）.

崔允漷，雷浩. 教-学-评一致性三因素理论模型的建构［J］. 华东师范大学学报（教育科学版），2015（04）.

崔允漷. 教师应先学会评价再学习上课［J］. 基础教育课程，2008（11）.

丁念金. 学生评价重心：从学业考试到素质发展评价［J］. 教育测量与评价（理论版），2013（11）.

冯建军. 课堂公平的教育学视角［J］. 教育发展研究，2017，37（10）.

潘婉茹，孔凡哲. 教师评价能力的要素分析及启示：国内外教师专业标准比较的视角［J］. 外国中小学教育，2017（11）.

覃兵，唐巧. 教师主体课堂教学评价能力的审视与培养［J］. 教育测量与评价（理论版），2011（01）.

王少非. 教育评价范式转换中的教师评价素养框架［J］. 教师教育研究，2009，21（02）.

王帅. 教师评价偏见与反偏见评价构建［J］. 中国教育学刊，2013（06）.

魏红，申继亮. 中小学教师评价学生能力的现状与对策［J］. 教育理论与实践（学科版），2004（05）.

徐正铨. 为什么是形式正义？——论罗尔斯通往正义之途的进路选择［J］. 科学·经济·社会，2017，35（02）.

许瑜函，杨向东. 促进学生学习和发展的课堂评价：2011 课堂评价国际研讨会会议综述［J］. 全球教育展望，2012，41（01）.

叶延武，张加健. 教师评价素养：概念与行动［J］. 中小学管理，2012(04).

张华，刘万海. 当前学生评价中亟待澄清的几个问题［J］. 全球教育展望，2005，34（10）.

赵汀阳. 论道德金规则的最佳可能方案［J］. 中国社会科学，2005（03）.

郑东辉. 教师评价素养发展研究［D］. 上海：华东师范大学博士学位论文，2009.

（三）其他

车文博. 心理咨询大百科全书［Z］. 杭州：浙江科学技术出版社，2001.

顾明远. 教育大辞典：下［Z］. 增订合编本. 上海：上海教育出版社，1998.

莫衡等. 当代汉语词典［Z］. 上海：上海辞书出版社，2001.

彭克宏. 社会科学大词典［Z］. 北京：中国国际广播出版社，1989.

陶西平. 教育评价辞典［Z］. 北京：北京师范大学出版社，1998.

附 录

附录Ⅰ 教师评价能力研究维度划分专家咨询问卷

尊敬的老师，

您好！此次咨询旨在了解您关于教师对学生进行评价的能力应包含维度的观点和建议，您的见解和看法将是本研究继续进行的动力和支持！非常感谢您在百忙之中对晚辈的帮助，谢谢您的耐心指导与宝贵建议！东北师范大学教育学部博士研究生×××，电话：1510441×××，邮箱：×××。

一、基本信息（请在相应选项前的“□”内打“√”）

1. 您是否填写过此问卷的电子版？（　　）　□是　□否

2. 您的教龄（　　）□1～3 年　□4～6 年　□7～10 年　□10～15 年　□16～20 年　□>20 年

3. 您的职称（　　）□中教高级　□中教一级　□小教高级　□小教一级　□教授　□副教授　□其他________

4. 若方便，请留下您的联系方式（邮箱、电话、微信等）________

二、单选题（以下是从各国教师专业标准中遴选出的教师评价能力要求的主要内容，请根据您的认识选择其重要程度）

序号	维度划分	非常重要	重要	一般	不重要	非常不重要	修改意见
1	确定评价目标	5	4	3	2	1	
2	设计评价方案	5	4	3	2	1	
3	选择评价方法	5	4	3	2	1	

续表

序号	维度划分	非常重要	重要	一般	不重要	非常不重要	修改意见
4	做好评价准备	5	4	3	2	1	
5	使用评价工具	5	4	3	2	1	
6	引导学生自我评价	5	4	3	2	1	
7	利用评价结果	5	4	3	2	1	
8	遵循评价伦理	5	4	3	2	1	
9	寻求外部支持	5	4	3	2	1	

请您将上述9个维度按照教师应具备的评价能力的重要程度高低排序。

____

您认为应删除的维度：______________________________，

原因：______________________________；

您认为应合并的维度：______________________________，

原因：______________________________；

您认为应增加的维度：______________________________，

原因：______________________________。

三、以下是关于教师应具备的评价学生能力各维度的对应内容，请根据您的认识选择其符合程度

一级维度	二级指标	合理性程度					修改意见
		非常合理	合理	一般	不合理	非常不合理	
维度1 确定评价目标	作为教学计划的组成部分	5	4	3	2	1	
	合乎课程标准的要求	5	4	3	2	1	
	关注学习者对教学的需要	5	4	3	2	1	
	考虑学业评价标准的要求	5	4	3	2	1	
维度2 设计评价方案	转化成具体的评价任务	5	4	3	2	1	
	说明拟采用的评价方法	5	4	3	2	1	
	阐明评价所需准备工作	5	4	3	2	1	
	制定相应评价标准	5	4	3	2	1	

续表

一级维度	二级指标	合理性程度					修改意见
		非常合理	合理	一般	不合理	非常不合理	
维度3 选择评价方法	了解各类评价方法的特点与限制	5	4	3	2	1	
	了解各类评价方法的使用程序	5	4	3	2	1	
	合理平衡各类评价方法	5	4	3	2	1	
	科学地评分、评定等级	5	4	3	2	1	
维度4 使用评价工具	了解评价领域最新测试	5	4	3	2	1	
	掌握命题本领与技术	5	4	3	2	1	
	使用非纸笔测试等评价工具	5	4	3	2	1	
维度5 做好评价准备	帮助学生理解评价任务	5	4	3	2	1	
	向学生阐明目标要求	5	4	3	2	1	
	照顾特殊学习者的需要	5	4	3	2	1	
	安排舒适的空间及测试环境	5	4	3	2	1	
维度6 引导学生自我评价	引导学生评价自己的学习成果	5	4	3	2	1	
	引导学生调整学习策略和计划	5	4	3	2	1	
	提供针对性的描述性反馈	5	4	3	2	1	
	为学生提供自我展示机会	5	4	3	2	1	
维度7 利用评价结果	运用科学方法统计数据	5	4	3	2	1	
	对数据做出科学解释	5	4	3	2	1	
	做出一致的可比较的判断	5	4	3	2	1	
	与同事合作/独立检测数据	5	4	3	2	1	
	向学生、监护人、社会各界汇报评价结果	5	4	3	2	1	
	坚持记录学生的评价结果	5	4	3	2	1	
	指导学生反思评价结果	5	4	3	2	1	
	根据评价结果做出教学决策	5	4	3	2	1	
	依据评价结果改进评价	5	4	3	2	1	

续表

一级维度	二级指标	合理性程度					修改意见
		非常合理	合理	一般	不合理	非常不合理	
维度 8 遵循评价伦理	在评价中遵循伦理原则	5	4	3	2	1	
	鉴别评价结果的合法性	5	4	3	2	1	
	做好评价结果的保密工作	5	4	3	2	1	
维度 9 寻求外部支持	与身边的同事合作	5	4	3	2	1	
	寻求学校行政系统的支持	5	4	3	2	1	
	寻求社区、教育系统的支持	5	4	3	2	1	
	主动寻求外出培训的机会	5	4	3	2	1	

附录Ⅱ　小学数学教师评价能力调查问卷（初稿）

亲爱的老师，您好！问卷旨在了解您的日常评价活动与实践。研究结果仅供学术之用，不会反馈到您所在学校，我们承诺为您保密！恳请您根据真实情况凭第一感觉如实填写。1. 问卷共计正反 2 页，请勿漏填。2. 问卷无须署名。3. 请根据符合程度在所选项目对应方框内打“√”；如有修改，请在原选项对应方框内打“×”，再另选答案。非常感谢您的支持与帮助！

一、基本信息（请在相应选项前的“□”内打“√”）

性　别	□女　□男	任教科目	□语数双科　□数学单科
年　龄	□≥56　□51~55　□46~50　□41~45 □36~40　□31~35　□26~30　□21~25		
教　龄	□≤1 年　□1~5 年　□6~10 年　□11~15 年　□16~20 年　□≥20 年		
最高学历	□高中　□中专　□中师　□大专　□本科　□硕士　□博士		
职　称	□小教三级　□小教二级　□小教一级　□小教高级　□副教授　□教授		
任教年级	□小学一年级　□小学二年级　□小学三年级 □小学四年级　□小学五年级　□小学六年级		
学校所在地	J 省　　市　　县/区　　镇/乡　　村/屯		

二、请根据各项目与您自身情况的符合程度在相应选项下打“√”

序号	项目	与个人实际情况符合程度				
		非常符合	符合	有点符合	不符合	非常不符合
1	我能设置与教学目标相一致的学生评价目标	5	4	3	2	1
2	我对学生的评价合乎课程标准的要求	5	4	3	2	1
3	我能关注到学生对教学和评价的特殊需要	5	4	3	2	1
4	我熟悉数学学业评价标准，并能贯彻其要求	5	4	3	2	1
5	在评价学生时我能考虑到学生认知、情感、态度及素养的需要	5	4	3	2	1
6	我能向学生说明日常测验等评价的重要性	5	4	3	2	1
7	我对学生的评价能照顾到学生个体和全体的不同需要	5	4	3	2	1
8	我经常将本班学生与其他班级学生成绩进行比较	5	4	3	2	1
9	我能通过评价强化学生积极的学习态度	5	4	3	2	1
10	我觉得要围绕考试进行日常教学	5	4	3	2	1
11	每学期初，我都会设计一份学生评价方案	5	4	3	2	1
12	我设计的活动和方案符合评价目标	5	4	3	2	1
13	我设计的活动和方案通常关注学生学习与发展	5	4	3	2	1
14	我会根据活动和方案的需要制定相应的标准	5	4	3	2	1
15	我设计的考查方案能转化成具体的评价任务	5	4	3	2	1
16	我会帮助学生理解相应的评价任务，营造信任的氛围	5	4	3	2	1
17	我能合理把握各类评价方法的特点与限制因素	5	4	3	2	1
18	我经常尝试一些新兴的评价方法	5	4	3	2	1
19	我能为学生布置高效、有针对性的家庭作业	5	4	3	2	1
20	我具备独立命题的本领与技术	5	4	3	2	1
21	我会根据评价任务科学地评分、评定等级	5	4	3	2	1
22	我常采用非纸笔测试等方法考查学生	5	4	3	2	1
23	我会在课堂上有意增加积极评价语言的使用	5	4	3	2	1

续表

序号	项目	与个人实际情况符合程度				
		非常符合	符合	有点符合	不符合	非常不符合
24	我会根据学生的特点和现实需要开发新的测量工具	5	4	3	2	1
25	我能引导学生从学习理解、目标达成等角度评价自己的学习	5	4	3	2	1
26	我能指导学生根据自我评价调整学习策略和计划	5	4	3	2	1
27	我能为学生提供自我展示和表达的机会	5	4	3	2	1
28	我能为学生提供有依据的描述性反馈	5	4	3	2	1
29	我能帮助学生根据反馈信息开展进一步的学习	5	4	3	2	1
30	我能指导学生对同伴的表现作出评价	5	4	3	2	1
31	我能对学生同伴间的评价作出合适的反馈	5	4	3	2	1
32	我能引导学生基于各类评价进行自我反思	5	4	3	2	1
33	我经常帮助学生根据自我反思的结果设定提升目标	5	4	3	2	1
34	我能根据学生需要，建立学生自我评价和他人评价的机制	5	4	3	2	1
35	在教学中我会不断地从多角度收集学生学习的证据	5	4	3	2	1
36	我经常使用编好的试题为学生测验	5	4	3	2	1
37	我能采用科学的方法统计数据	5	4	3	2	1
38	我能对数据做出科学的解释（质化、量化）	5	4	3	2	1
39	我能对数据结果做出一致的可比较的判断	5	4	3	2	1
40	我能与同事合作/独立检测数据	5	4	3	2	1
41	我经常向学生监护人、学校、社会各界汇报评价结果	5	4	3	2	1
42	我有坚持记录学生评价结果的习惯	5	4	3	2	1
43	我能根据信息判断个体表现，了解教学成效及学习者的进步	5	4	3	2	1
44	我能通过测评准确地了解学生的问题所在	5	4	3	2	1

续表

序号	项目	与个人实际情况符合程度				
		非常符合	符合	有点符合	不符合	非常不符合
45	每次考试后，我都会和学生一起进行试卷分析	5	4	3	2	1
46	我能通过测评结果提升学生的学习兴趣	5	4	3	2	1
47	我能根据学生的作业情况来反思自己的教学	5	4	3	2	1
48	我能根据评价结果做出下一步的教学决策	5	4	3	2	1
49	我有一套独特的记录与查询评价结果的方法	5	4	3	2	1
50	我能依据评价结果改进后续的评价	5	4	3	2	1

三、请仔细阅读题目，选择您认为最合适的一项，并将对应选项字母（A、B、C、D）填写在对应括号中

1. 选择某一特定方法评价学生时，您最主要考虑什么？（　　）

A. 评分容易与否　　B. 学校是否允许　　C. 操作难易程度

D. 教学目标实现与否　　E. 其他________

2. 您觉得为什么要对学生进行评价？（　　）

A. 区分等级　　B. 评定分数　　C. 检验教学目标

D. 促进学生发展　　E. 各级考试要求　　F. 其他________

3. 用来反映多次测验结果的一致性程度，并能反映测量过程中存在随机误差的大小，指的是什么？（　　）

A. 信度　　B. 效度

4. 250 名学生参加了某次测验，答对某道客观题的学生有 150 人，则该题目的难度系数为多少？（　　）

A. 0. 60　　B. 0. 40

5. 影响您是否使用多种方法评价学生的最主要因素是什么？（　　）

A. 任务太多，没时间　　B. 评价知识储备不足

C. 缺少评价主题培训　　D. 成绩是考察教师业绩的主要指标

E. 其他

6. 您觉得以下哪种方法最能反映学生的学业成就？（　　）

A. 甲老师要求学生上交家庭作业，但只批改选择题的对错

B. 乙老师为了让学生达到自己的标准，让S同学反复做了3次试卷

C. 丙老师降低了课堂中纪律不好同学的平时成绩

D. 丁老师根据每周测验和月考为全班学生做出成绩评定

7. 班级中有个别学生成绩总是不理想，您会怎么做？(　　)

A. 加大练习，提高成绩

B. 保持班级里优秀学生的成绩

C. 找准问题，对个别学生进行学法指导

D. 保持教学进度，顺其自然

E. 其他________

8. 班级中总是有部分学生不听课，遇到这种情况，您一般怎么做？(　　)

A. 发现后立即点名并提醒　　B. 课下与学生单独交流，鼓励其参与课堂

C. 置之不理　　D. 观察课堂表现和作业情况后再决定

E. 合适时机提问　　F. 其他________

9. 您觉得应怎样处理学生的测验成绩？(　　)

A. 在家长群中统一公布　　B. 提交学校教务处以便抽查

C. 全班公布并讲评　　D. 针对个别问题进行辅导

F. 其他________

10. 如果家长（监护人）要求您解释孩子获得等级或分数的依据，您会怎么做？(　　)

A. 询问家长期望孩子获得分数的依据是什么

B. 告知家长分数与等级是学校统一评定的，与教师关系不大

C. 向家长展示优秀学生作业或考试的例子以进行对比

D. 解释评分是公平的，依据学生表现、评分标准等因素

11. 某数学老师在分数混合运算教学前，想测验学生整数运算的准确率，他该怎样向学生解释测验的原因？(　　)

A. 老师想加强同学们整数运算的准确性

B. 老师想知道同学们关于整数运算的进步情况

C. 老师想为同学们积累期末考试计算的经验

D. 老师想了解同学们学习分数混合运算的知识基础

12. 某学生数学期中考试成绩为 65 分，班级平均分为 80 分，作为数学科任教师，您会怎样处理学生的考试结果？（　　）

A. 与学生个别交流，分析问题原因，提出个性化学习建议

B. 直接联系学生家长告知考试成绩

C. 为学生布置更多相关习题、反复练习

D. 在全班公布学生的成绩，并给予当面批评

13. 参加各级教师培训时，是否有关于“评价”的专题？

A. 否　　　B. 是（请填写主题）________

14. 您是否参与过与“评价”相关的研究课题？（　　）

A. 否　　　B. 是（请填写主题）________

15. 您觉得怎样才能提升自身的评价能力？（　　）

A. 获得家长、社区、学校系统的支持

B. 参加与评价相关的专业活动

C. 增加评价书籍的阅读与评价知识的学习

D. 学校将评价能力纳入绩效考核系统

E. 积极尝试口试等新兴评价方法

F. 学校给予教师一定的空间和自主权

G. 参加与评价相关的业务培训

H. 其他________

附录Ⅲ　小学数学教师评价能力调查问卷（定稿）

敬爱的老师，您好！本研究旨在了解您的日常评价活动与实践。研究结果仅供学术之用，不会反馈到您所在学校，我们承诺为您保密！恳请您根据真实情况填写。1. 问卷共计正反 2 页，请勿漏填。2. 问卷无需署名。3. 请根据符合程度在所选项目对应方框内打“√”；如有修改，请在原选项对应方框内打“×”，再作答。您的帮助与支持将是本研究继续进行的动力，对您的帮助与支持深表谢意！

一、基本信息（请在相应选项前的“□”内打“√”）

性　别	□女　□男	任教科目	□语数双科　□数学单科
年　龄	□≥56　□51~55　□46~50　□41~45 □36~40　□31~35　□26~30　□21~25		
教　龄	□≤1年　□1~5年　□6~10年　□11~15年　□16~20年　□≥20年		
最高学历	□高中　□中专　□中师　□大专　□本科　□硕士　□博士		
职　称	□小教三级　□小教二级　□小教一级　□小教高级　□副教授　□教授		
任教年级	□小学一年级　□小学二年级　□小学三年级 □小学四年级　□小学五年级　□小学六年级		
学校所在地	J省　市　县/区　镇/乡　村/屯		

二、请根据各项目与您自身情况的符合程度在相应选项下打“√”

序号	项目	与个人实际情况符合程度				
		非常符合	符合	有点符合	不符合	非常不符合
1	我能设置与教学目标相一致的学生评价目标	5	4	3	2	1
2	我对学生的评价合乎课程标准的要求	5	4	3	2	1
3	我能关注到学生对教学和评价的特殊需要	5	4	3	2	1
4	我熟悉数学学业评价标准，并能贯彻其要求	5	4	3	2	1
5	我能向学生说明日常测验等评价的重要性	5	4	3	2	1
6	我对学生的评价能照顾到学生个体和全体的不同需要	5	4	3	2	1
7	我能通过评价强化学生积极的学习态度	5	4	3	2	1
8	我设计的评价活动和方案符合评价目标要求	5	4	3	2	1
9	我设计的评价活动和方案能关注学生学习和发展的需要	5	4	3	2	1
10	我能根据评价活动和方案的需要制定相应的评价标准	5	4	3	2	1
11	我设计的评价方案能转化成具体的评价任务	5	4	3	2	1
12	我能帮助学生理解相应的评价任务	5	4	3	2	1

续表

序号	项目	与个人实际情况符合程度				
		非常符合	符合	有点符合	不符合	非常不符合
13	我能为学生布置有针对性的家庭作业	5	4	3	2	1
14	我能根据学生评价任务的完成情况科学地评分、评定等级	5	4	3	2	1
15	我能使用非纸笔测试（口试、档案袋等）方法考查学生	5	4	3	2	1
16	课堂上我会有意增加积极评价语言的使用	5	4	3	2	1
17	我能根据学生的特点和现实需要开发新的测量工具	5	4	3	2	1
18	我能引导学生从学习理解、目标达成等角度评价自己的学习	5	4	3	2	1
19	我能指导学生根据自我评价调整学习策略和计划	5	4	3	2	1
20	我能为学生提供自我展示和表达的机会	5	4	3	2	1
21	我能为学生提供有依据的描述性反馈	5	4	3	2	1
22	我能帮助学生根据反馈信息开展进一步的学习	5	4	3	2	1
23	我能指导学生对同伴的表现作出评价	5	4	3	2	1
24	我能对学生同伴间的评价作出适宜的反馈	5	4	3	2	1
25	我能引导学生基于评价结果进行自我反思	5	4	3	2	1
26	我能指引学生根据自我反思结果设定提升目标	5	4	3	2	1
27	我能根据学生需要，建立学生自我评价和他人评价的机制	5	4	3	2	1
28	教学中我能从多角度收集学生学习的证据	5	4	3	2	1
29	我经常使用编好的试题对学生进行测验	5	4	3	2	1
30	我能采用科学的方法统计评价信息	5	4	3	2	1
31	我能对评价信息做出科学的解释（质化、量化）	5	4	3	2	1
32	我能对评价结果做出一致的可比较的判断	5	4	3	2	1
33	我能与同事合作/独立检测评价结果	5	4	3	2	1
34	我经常向学生家长/监护人、学校、社会各界汇报评价结果	5	4	3	2	1

续表

序号	项目	与个人实际情况符合程度				
		非常符合	符合	有点符合	不符合	非常不符合
35	我能根据评价信息判断个体表现，了解教学成效及学生进步情况	5	4	3	2	1
36	我能通过测评准确地了解学生的问题所在	5	4	3	2	1
37	每次考试后，我都会和学生一起进行试卷分析	5	4	3	2	1
38	我能通过测评结果提升学生的学习兴趣	5	4	3	2	1
39	我能根据学生的作业情况反思自己的教学	5	4	3	2	1
40	我能根据评价结果做出下一步的教学决策	5	4	3	2	1
41	我有一套独特的记录与查询评价结果的方法	5	4	3	2	1
42	我能依据评价结果改进后续的评价活动	5	4	3	2	1

三、请您仔细阅读，并将选项字母填写在对应题目后的括号中

1. 选择某一特定方法评价学生时，您最主要考虑什么？(　　)

A. 评分容易与否　B. 学校是否允许　C. 操作难易程度

D. 教学目标实现与否　E. 其他

2. 您觉得为什么要对学生进行评价？(　　)

A. 区分等级　B. 评定分数　C. 检验教学目标

D. 促进学生发展　E. 各级考试要求　F. 其他

3. 用来反映多次测验结果的一致性程度，并能反映测量过程中存在随机误差的大小，指的是什么？(　　)

A. 信度　B. 效度　C. 不清楚

4. 250 名学生参加了某次测验，答对某道客观题的学生有 150 人，则该题目的难度系数为多少？(　　)

A. 0. 60　B. 0. 40　C. 不知道

5. 影响您是否使用多种方法评价学生的最主要因素是什么？(　　)

A. 任务太多，没时间　B. 评价知识储备不足

C. 缺少评价主题培训　D. 成绩是考察教师业绩的主要指标

E. 其他________

6. 班级中有个别学生成绩总是不理想，您会怎么做？（　　）

A. 加大练习，提高成绩

B. 保持班级里优秀学生的成绩

C. 找准问题，对个别学生进行学法指导

D. 保持教学进度，顺其自然

E. 其他________

7. 班级中总是有部分学生不听课，遇到这种情况，您一般怎么做？（　　）

A. 发现后立即点名并提醒

B. 课下与学生单独交流，鼓励其参与课堂

C. 置之不理

D. 观察课堂表现和作业情况后再决定

E. 合适时机提问

F. 其他________

8. 某数学老师在分数混合运算教学前，想测验学生整数运算的准确率，他该怎样向学生解释测验的原因？（　　）

A. 加强同学们整数运算的准确性

B. 为同学们积累期末考试计算的经验

C. 了解同学们学习分数混合运算的知识基础

D. 想知道同学们关于整数运算的进步情况

9. 参加各级教师培训时，是否有关于“评价”的专题？（　　）

A. 否　　B. 是（请填写主题）________

10. 您是否参与过与“评价”相关的研究课题？（　　）

A. 否　B. 是（请填写主题）________

附录Ⅳ　课堂实录例

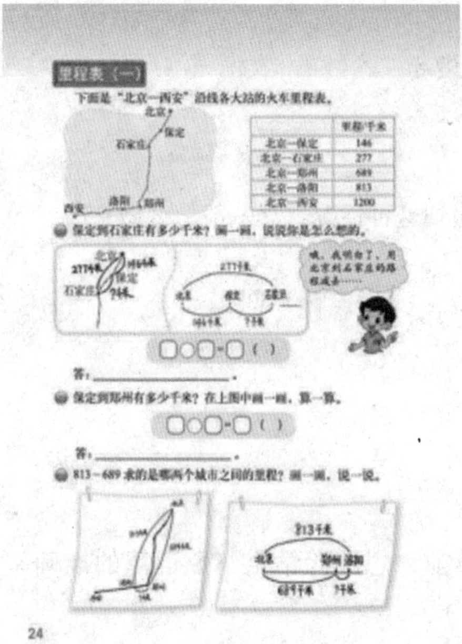
里程表（一）

下面是“北京—西安”沿线各大站的火车里程表。

	里程/千米
北京—保定	146
北京—石家庄	277
北京—郑州	689
北京—洛阳	813
北京—西安	1200

保定到石家庄有多少千米？画一画，说说你是怎么想的。

答：________。

保定到郑州有多少千米？在上图中画一画，算一算。

答：________。

813－689 求的是哪两个城市之间的里程？画一画，说一说。

24

里程表（二）

淘气的叔叔是出租车司机。星期一早上出车时，里程表的读数是 35 千米。淘气记录了叔叔星期一至星期五每天回家时的里程表读数。（单位：千米）

星期一	星期二	星期三	星期四	星期五
160	350	555	745	955

想一想，说一说你知道了哪些数学信息。

淘气根据题意画了一个图，你看懂了吗？与同伴说一说。

哪一天行驶的里程数最多？

26

授课时间：2016 年 9 月 23 日

授课题目：里程表

授课教师：X（D-3-1）

课　　型：常规课

【师】其实每一个国家跟咱们每一个人一样，都是有年龄的，对不对？要是按年龄算的话，中国应该是世界上各个国家当中的？

【生】最大的。

【师】所以我们说中国是四大文明古国之一，对不对？

【生】对。

【师】那我告诉大家，中国历史悠久，经历了数十个朝代，这个大家知道吧？

【生】知道。

【师】像什么明朝啊，

【生齐】唐朝、宋朝。

【师】我们现在的首都是北京，对不对？

〔教师在PPT上展示中国地图。〕

【师】其实中国每个朝代都有它的首都，有没有人知道中国还有哪些城市曾经是首都？

【生1男】西安和洛阳。

【师】对，哪个是？

【生1男】西安。

【师】把你之前的话再说一遍，同学。

【生1男】应该是十三朝古都。

【师】是的，西安，洛阳，也是非常有名的古都之一。还有吗？

【生2男】咸阳是春秋时期秦国的古都。

【师】是的，只不过你说的这个城市现在已经不叫那个名字了。你知道咸阳现在叫什么吗？

【生2男】不知道。

【师】那你查查吧。就是于×坤（生2）提到的城市不是它现在的名字，是现在城市以前的名字。说到这儿啊，那么大家也提到了西安与洛阳，×老师再给大家介绍一个，就是南京。

【生齐】南京大屠杀。

【师】哦，不是，不是南京大屠杀。南京也是中国的古都之一。一提到南京，你就想到日本了，对不对？

［教师提到了“日本”］

【部分生】对。

【师】带星号的这些城市就是中国的古都之一。×老师打算这个假期就来一个中国文化古城之旅，那么我要去哪里呢？由于时间的关系，南京我就不去了，我打算去这三个地方。

［PPT上将“三个地方”用矩形框框了起来，教师用教鞭指了指地图上的三个城市，配合讲解］

【师】去这三个地方，中间也要途经两个历史悠久的城市，是保定和？

【生齐】石家庄。

［PPT展示教师行走路线］

【师】这个就是我要行走的路线。谁来说一说，按顺序，从北京出发，都要经过哪几个城市？刘×彤。

【生 3 女】到，保定。

【师】从北京出发。

【生 3 女】北京，保定，石家庄，郑州，洛阳，西安。

[学生 3 一边说，教师一边指着 PPT 上显示的城市]

【师】好的，这就是我要经过的城市。那我想问问大家，作为经常出去旅游的人，你们知不知道一个人在旅游之前最先考虑的问题是什么？你们做过计划吗？

【生齐】老师，我。

【师】参与过制作路线啊？来，梁×宇说吧。

【生 4 男】我爸、我妈就是先制定路线，看从哪儿到哪儿。

【师】好的，坐下，就是要考虑去哪儿，以及这些地方之间距离的远近，是不是？其他同学不说了哈，一会儿有机会让你们发言。那么，远近是我必须考虑的问题，对不对？那×老师告诉大家，其实两个城市之间有多远，也可以说这两个城市之间的里程是多少。

[教师板书：里程]

【师】比如说我要知道北京到保定的里程数，也就是距离啊，说通俗点，就是北京到保定的距离，也叫“里程数”。

[教师板书：里程数]

【师】×老师调查了从北京到西安的里程数，并且得到了里程表。

[教师板书：里程表]

【师】我们一起来看一看，里程表长什么样。

[PPT 上展示里程表]

【师】这个表的名字叫北京至西安沿线各大站的里程表。谁看懂了？看懂的话，你能不能标一个数来说一说啊？可以结合这个图啊，这个里程表里的信息都是什么？

【师】尹×轩。

【生 5 男】到，它上面写了后面那些的里程，千米，就是后面那些数字是多少多少公里。

【师】举一个例子，选一个数举个例子。

【生 5 男】北京到保定是 146 公里，北京到石家庄是 247 公里。

【师】停，说两个就行了，坐。还有谁想说？金×琪。

【生6女】到，北京到洛阳是813千米。

［学生5用到的长度单位是“公里”，学生6用的长度单位是“千米”］

【师】啊，坐。然后，北京到西安是？

【生6女】北京到西安是1200里程。

【师】坐。一会儿“里程”，一会儿“千米”，一会儿“公里”的，都说蒙了。大家看，起点、终点指的就是这两个，“里程”就是我们刚刚通俗点说的有多远，就是距离，对吧？后面这个“千米”是这些数的什么？

【部分生】单位。

【师】刚才有人把“千米”说成“公里”了，“千米”和“公里”是？

【部分生】一样的。

【师】“公里”是我们国家的一种说法啊。OK！那么现在谁能结合这个图去说一说？比如说，北京到保定的146公里，指的是哪一段？

【生7男】我！

【师】注意，到前面来时你的手不要碰到大屏幕啊，不然它会转到下一页。于×坤。

【师】全交给你了，你把这五个都比划一遍，好不好？

【生2男】行。北京到保定，这到这。

［学生2用手在屏幕附近比划一下］

【师】这条线对不对？

【生2男】然后北京到石家庄是这条线。

【师】是277千米，对吧？

【生2男】对，是277千米。从北京到郑州是这儿到这儿。

【师】途经，没事儿啊。

［PPT转到了下一页］

【生2男】我还没碰着呢。

【师】不怨你。

［教师将PPT还原］

【师】从北京到郑州途经保定、石家庄，到郑州的这一条线一共是689千米。那大家发现没，在这一里程表当中起点都是？

【生齐】北京。

【师】那都是北京到各个城市的距离，对不对？那我就要问问大家了，你从这个表中只能知道北京到各个城市的距离吗？

【部分生】不是（不一定）。

【师】还能知道什么？孟×恒。

【生8男】到，也可以知道保定到石家庄的距离。

【师】就是说除了能直接得到信息之外，我们还可以通过计算得到别的信息。

【生8男】对。

【师】好的，坐。那比如说，刚才说的这个保定到石家庄，能不能算出来？

【生齐】能。

【师】有人知道怎么算吗？

【生9男】有！

【师】好，手放下。那我还能计算其他城市的信息吗？再举个例子。张×涵。

【生10男】可以知道保定到洛阳。

【师】保定到洛阳，就是说我们根据表格当中的5个信息，其实还能计算出所要行走的路线中任意两个城市之间的距离，信不信啊？

【生齐】信！

【师】有没有这个自信啊？

【生齐】有！

【师】那我们这节课就要根据×老师给大家提供的里程表，来计算任意两座城市之间的里程。OK。我们先选择一个相对而言比较简单的，来找找自信。就是刚刚孟×恒（生8）提到的这个，那谁能把这个问题给大家读一读？郭×乐。

【生11女】保定到石家庄有多少千米？画一画，算一算。

【师】啊，注意啦，不只是算一算，还有什么？

【生齐】画一画。

【师】画一画。那画一画这件事，谁还记得什么时候×老师说过？学第一个单元的时候，记得吧？学第一个单元的时候，我们很多时候都是画图，黑板上×老师总写“示意图”这三个字，对不对？

【生】对。

【师】所以这一次啊，时隔这么久，又考你画一画的问题了。先画一画，都得画什么呢？画跟保定到石家庄有关的信息就可以了。那么，你现在解没解决，需不需要画这么多线啥的？

【生】不用。

【师】我们只画跟保定和石家庄有关系的，然后再列式，听清楚了吗？OK！开始吧！有问题可以举手问我，不要在小组里面讨论，有问题可以问我。

［学生自己进行画图和计算，教师走下讲台巡视］

【师】好了，我要下来选了，选一个美图上来秀一秀。看谁能够被选中啊？齐×彤那儿，不需要讨论，自己画自己的，把书合上。什么图都行，弯的，直的，方的，都可以，喜欢圆的画圆的也可以。怎么还不知道怎么落（lào）笔了呢？挺好啊，有同学开始了啊。怎么想怎么画，画吧。我们说，这个图要有这样的信息啊。这个补上，要有你解决问题所需要的已知条件，这个咱们说过吧？第一个，离咱们比较遥远了，再重复磨叽一遍啊，示意图当中应该有所有跟你解决问题有关的已知条件，对吧？那么这个已知条件上哪儿找去？

【生】表里有。

【师】表里有对不对？二呢，示意图当中还得有你要求的那个信息，对不对？三，示意图有没有必要画得太复杂？

【生】没有。

【师】没有，越简单越好，好了。

【生 12 男】老师，我可以到前面画吗？

【生 13 女】我也想到前面画。

【师】画完了，旁边还有算一算呢。

［教师调试 PPT］

【生】老师，刚才的那张表。

【师】要看刚才的信息呀？

［教师调试 PPT，翻回前一张 PPT］

【师】最后一分钟，一分钟之后我就要找同学了。画完的同学坐直了，我下去挑两个，这事儿不是你举手说了算，我要自己挑，亲手挑，想被选中就坐直了啊。

【生 13 女】老师。

【师】我说了，什么样的同学会被选中。

[教师继续下去巡视。学生完成任务用时 6 分钟，从 9：15 到 15：15]

【师】好了，画到这儿啊。杜×（生 13）写完没？写完拿着你的本儿。我们来看几位同学画的，还有他们计算的结果。

[两位同学拿着本子走上讲台]

【师】你们两个依次来吧。李×燕把窗帘拉上，看不见，是不是有个别同学看不见？这边同学能看见吧？好了，这样啊，我们一起来看吴×鹏的啊。那个图是什么意思？为什么要列式子？

【生 14 男】这个就是北京至保定的千米数，然后这个是北京至石家庄的千米数，这块就是它俩的差，要求的就是这块。

[学生 14 拿着教鞭为其他同学细细讲解]

【师】你认为它俩的差是什么？

【生 14 男】差就是千米数。

【师】它俩的差就是保定到石家庄的千米数，也就是我们要求的。关于吴×鹏的这个有疑问吗？

【部分生】没有。

【师】对，说得很清楚。图画得也还行哈。好了，我们再来看看杜×（生 13）的，杜×的计算过程和吴×鹏的是一样的，所以大家看看她的图，他俩的图画得不一样。所以我们主要看杜×的图啊。给大家解释一下，好了啊，有声音啊。

【生 13 女】就是这个点，这两个是 277 千米。

【师】什么叫“这两个”？从哪儿到哪儿是 277 千米？

【生 13 女】从北京到石家庄。

【师】别和我说，和大家说。

【生 13 女】然后，从北京到保定是 146 千米，从保定到石家庄是这个。

【师】就是我们要求的。回去吧，图先放我这儿吧。好了，现在大家往前看，往前看啊。为什么要画图？看这儿啊。为什么我们花这么长的时间来画这个图？从杜×这个图上更容易看出来什么呢？咱们要求的是不是从保定到石家庄的距离啊？那大家看，在杜×这张图上，从北京到石家庄，你要画成一条直线，下次你最好用尺子啊。那中间要途经保定，对不对？然后北京到石家庄是

277，北京到保定是146，这个是我们从表格得到的信息，对不对？那么，哪段是我们要求的，保定到石家庄呢？这段就是我们要求的。通过画图，我想问问大家，从图上来看，我们所要求的从保定到石家庄的里程数应该等于什么？何×佳（生14）。

【生14男】到，我觉得应该等于北京到石家庄的里程数减去北京到保定的里程数。

【师】非常好啊，何×佳（生14）听课很认真，其他同学有些溜号啊。往这儿瞅，如果你没溜号，那我说的这件事你应该一下就能答出来。何×佳坐。我们为什么要画图？现在我们来看啊，通过画，我们能从图中发现什么呢？北京到石家庄的里程数减去北京到保定的里程数。

[教师板书：1. 画 北京到石家庄-北京到保定=]

【生】北京到保定的里程数。

【师】就等于哪个啦？

【生】保定到石家庄的。

[教师用教鞭指着PPT上显示生13画的图，进行讲解]

【师】唉，整个的这条线就是北京到石家庄减去北京到保定的里程数，是不是就等于我们要求的这个保定到石家庄的里程数了？

[教师板书：1. 画 北京到石家庄-北京到保定=保定到石家庄里程]

【师】对吧？×老师已经和大家强调通过画图可以得到的数量关系。记得吧？第一单元，×老师强调了两件事：示意图及数量关系。那有了这个数量关系，是不是就知道怎么列式子了？下面我再找一个同学说一下怎么求保定到石家庄的里程。韩×彤。

[教师板书：2. 列式]

【生15女】到，北京到。

【师】怎么列式？

【生15女】277减146等于131。

[教师板书：2. 列式　277-146=131]

【师】唉，这个没有退位，所以比较好算，对不对？131千米。

[教师板书：2. 列式　277-146=131（千米）]

【师】答就可以了。第三步，要写答。

[教师板书：3. 解答]

【师】好了，这就是我们在里程表当中解决的第一个问题，我们一起来回顾一下。看啊，用尺画出来的图，是不是漂亮一点啊？然后在我们当中标出已知的信息，有两个，那我们要求的，是不是这个信息啊？对吧？然后根据这个图，我们发现可以用这两个数相减来求这个距离。OK。那我们现在来一个难一点儿的。

[教师翻到下一页 PPT，PPT 上显示的是前面学到的里程表还有一个新的问题。]

【师】现在我们要求的这个问题是保定到郑州有多少千米，需要你在图中先找到保定和郑州，就用刚刚我们这个解题的思路来解决这个问题，写在本上，来吧。

[教师走下讲台，学生讨论的声音有些大]

【师】今天不安静，废话说得多，正经话说得少。

[教师下去巡视]

【师】注意画示意图啊，谁会画示意图？将来在解决特别繁杂的问题时，示意图就可以起到很大的作用。

[学生独立完成任务时间为 3 分 40 秒]

【师】好了，我找一名同学，我希望主动举手啊，不要等我叫你。到前面来，拿着你的图还有你的算式，来给大家讲一下你的图还有你的算式是什么意思。李×泽（生 16）。先看一下他的图啊。好了，往前看，说吧。

【生 16 男】我这个是北京到郑州的 681 千米。

【师】停，有人说话。李×泽（生 16），有人说话咱不说了啊。还有，在底下的同学，你没有资格评价别人，我给你时间，有疑问一会儿问，听见没？

【生 16 男】北京到保定是 116 千米，求保定到郑州是多少千米。

【师】应该等于，从图上看，从保定到郑州应该等于。

【生 16 男】嗯……嗯……

[学生回头看了一下老师，挠了挠头（29 秒零 7）]

【师】从图上我们能轻松地发现啊，北京到郑州的里程减去北京到保定的里程，就应该等于保定到郑州的里程。这件事有问题没？

[教师指着黑板进行讲解]

【师】唉，我们从图上就能看出来，北京到郑州的里程减去北京到保定的里程就应该等于保定到郑州的里程，有没有问题？

[教师结合 PPT 显示的生 16 画的图进行讲解]

【部分生】没有。

【师】好的，那我们看这个式子。

[教师在 PPT 上展示生 16 写的式子]

【师】接着说吧。

【生 16 男】689 减 146 等于 543。

【师】有疑问吗?

[一位女同学举起了手]

【生 16 男】尹×轩（生 17）。

【生 17 男】北京到保定和北京到石家庄，它们两个里程你忘算了。北京到保定你算了，可是北京到石家庄你没算，你直接算北京到郑州了。

【师】那你的意思是这道题怎么做啊?

【生 17 男】嗯，用北京到郑州的里程减去北京到石家庄的里程再减去北京到保定的里程。

[其他同学们“啊”感叹了一声，还有一位同学说“错”]

【师】哎呀，好了，现在出现了两种方法啊。这个是李×泽（生 16）的，老师把它记在这儿，多少啊? 689 减去 146 等于 543。然后是尹×轩（生 17）的，再说一遍，689 减 146 减 277=266 千米。好了，来吧。

[教师板书：689-146=543（千米）689-146-277=266（千米）]

【师】现在所有同学，坐，尹×轩（生 17）。请这样做的同学举手，我看都有谁。

[举手的同学不少]

【师】你是这样做的吗? 手放下。跟尹×轩（生 17）一样的举手。很少，是吗?

[举手的同学不多]

【师】好了，给了两种方法，只有一种方法是对的呀。谁来发表一下自己的见解? 吴×恒。

【生 18 男】我觉得应该是右边那种。

【师】×老师把图给你放这儿，尹×轩（生 17）的图放这儿。因为啥? 你接着说。

[教师在 PPT 上展示尹×轩（生 17）的图]

【生 18 男】因为他求保定到郑州的里程，它也没说保定到……石家庄（听不清）。

【师】坐，听明白了吗？你看，我一猜你就没听明白。你们并没有明白尹×轩（生 17）错在哪儿啦。×老师告诉你啊，的确是，大多数同学做的是这个，是正确的，你们这个是错的。但为什么这个是错的呢？还有没有人想解释一下？错在哪？毕×佳（生 14）。

【生 14 男】到，我觉得因为它说从保定到石家庄，没说从保定到郑州再到石家庄。

【师】谁说的？的确途经保定、途经石家庄再到郑州啊。肯定需要途经这两个城市，要不你咋去郑州啊？你是不是觉得尹×轩（生 17）是对的？

【生 14 男】不是。

【师】还是不对，对吧，坐吧。但是尹×轩（生 17），毕×佳（生 14）说完了，你觉得自己能听明白吗？

［尹×轩（生 17）摇了摇头］

【师】你还是不明白为什么不应该减去 277？还想减 277，对吗？抬头，最后一个啊。

【生 19 女】保定到石家庄……

［下课铃响了］

【师】还是我来吧，好了，大家往前看，快点！往这儿瞅，现在我的声音要盖过眼保健操的声音啊，谁要再和我抢话，往这儿瞅啊。从北京途经保定、石家庄到郑州，我们现在想要求的是从保定到郑州，那么中间这个石家庄你肯定是要经过的，但是它跟我们求它们两个中间的距离是没有关系的。那我们在画线段图的时候，你也可以把它画成这个。但是大家现在看啊，在题目当中跟我们要求的距离有关系的是北京到郑州的 689，689 就是这条线段的长度。是不是没有问题？

【生 20 男】没有。

【师】然后，还和这道题有关的是北京到保定的 146，这个有没有问题？

【生 20 男】没有。

【师】尹×轩（生 17），我现在想问你，哪儿是保定到郑州？到前面来，哪儿是保定到郑州？

【生 17 男】应该是这个。

【师】我们要求的是从这儿到这儿，对不对？从保定到郑州，是不是整个这条线的长度？那我求的这段距离是不是包含你刚刚说的 277 啊？我要求的长度是这段吧？它是不是应该整个减去这个等于这段？还用减 277 吗？回去吧。

［教师拿起丁×轩的练习本，查看了一下他画的图］

【师】好了，丁×轩是画图了，但是在丁×轩的图上，画了好多条交叉在一起的线段。大家注意，我们在图上只画与我们解决问题有关的线段，如果你把一些无关的信息也画上，那就会影响你解决这个问题，明白了吧？好了啊，所以这道题应该用 689 减去 146，求的就是这段距离。那么，我们要求的距离跟石家庄有没有关系？

【生 20 男】没关系。

【师】OK。再问一个有难度的问题啊，解决完这个我们就下课。请你根据这个表格来判断一下 813 减 689 求的是哪两个城市之间的距离？

［学生积极地举起手］

【部分生】洛阳到郑州。

【师】别叨咕，坐那。先上题里面找啊，813 在哪儿？689 在哪儿？然后在图上找 813 在哪儿，689 在哪儿，你要在表里面找，找什么最容易？找图最容易。在图上找是最容易的，这就是我们为什么画图的原因啊。好了，谁来说一下？刘×彤（生 3）。

【生 3 女】到，是洛阳到郑州的。

【师】求的是哪儿到哪儿？

【生 3 女】洛阳到郑州的。

【师】郑州到洛阳，为什么？

【生 3 女】因为 813 是洛阳的。

【师】错，813 怎么能是洛阳的呢？是哪儿到哪儿的千米数？

【生 3 女】北京到洛阳的千米数。

【师】然后呢？

【生 3 女】689 是北京到郑州的千米数。

【师】所以它们两个减完以后是哪儿？你要把话说完整，减完是哪儿？

【生 3 女】郑州到洛阳。

【师】唉，是郑州到洛阳的，明白了吗？好了，明白。往前看啊，快点。我想问问大家，到目前为止，这节课学了三个问题，还有没有比较糊涂的了？

没有的话，那我想问问大家啊，这节课我们要学的是里程表，对不对？那其实里程表当中的信息很多，有什么好办法能让我不被这些信息所束缚、始终保持清醒？通过这节课的学习，如果再解决路程表的问题，你的经验是什么？白×。

【生 21 女】画示意图。

【师】画示意图，坐。其他同学？

【生 14 男】我的经验就是看题里给的信息，其他信息就没关系了。

【师】只关注跟这道题有关的信息，对不对？

【生 14 男】其他信息都是干扰信息。

【师】好的，坐，我们可以屏蔽掉这些信息。还有吗？没有，那就学到这儿啦。OK，下课。

课　题	教师总提问次数	学生总发言次数	无应答次数	全体发言次数	男生发言次数	女生发言次数
里程表	81	81	0	25	38	18
教师总提问次数=学生总发言次数+无应答次数 学生总发言次数=全体发言次数+男生发言次数+女生发言次数						

整理人：×××

日　期：2017 年 11 月 13 日

附录Ⅴ　教师访谈提纲

（一）调研前访谈提纲

1. 您认为评价都应包括哪些方面？或者学校中的哪些活动或行为是对学生进行的评价？

2. 对学生的评价你们学校有哪些做法？是怎样实施的？老师在其中承担哪些任务？

3. 您觉得为什么要对学生评价？有什么作用呢？

4. 您怎样看待学生的家庭作业？（包括是不是应该留，为什么应该留，学生该怎样完成，教师该怎样对待或反馈等方面）

5. 日常中，贵校对老师的评价主要关注哪些方面呢？

6. 您在参加各级教师培训中是否有关于“评价”的专题？您是否参与过“评价”主题的研究课题？

（二）调研后访谈提纲

1. 学校对学生的评价近年来发生了哪些改变?

2. 日常教学中怎样处理学生的考试成绩?

3. 您觉得当前学生评价主要关注些什么？为什么教龄到一定阶段后有的教师对学生的评价会发生一些变化?

4. 有人说当前学校教育已经不那么关注考试了，您怎么看?

5. 您怎样看待当学生的回答与教师的预设出现差异时，教师将学生带回预设的现象?

6. 调查显示，有好多能力教师都是具备且水平较高的，但课堂教学中可能又是存在差异的（如评价目标、引导学生自我评价等）。对此您怎么看?

7. 您觉得是什么原因导致您在课堂教学中对学生情感态度价值观的评价较少?

8. 您怎样看待公开课和常规课中教师教学、评价等行为出现的差异?

附录Ⅵ 学生访谈提纲

1. 你觉得自己的课堂表现怎么样?

2. 你觉得老师在日常教学中比较关注什么？你有什么期待吗?

3. 每天的家庭作业对你意味着什么？你是怎样完成的?

4. 考试对你意味着什么?

5. 每次考试卷子发下来你最关注什么？谈一谈你的想法。

6. 有人说，对学生来说最重要的就是分数和名次。对此，你怎么看?

7. 你的梦想是什么？你觉得怎样才能实现?

后 记

本书是我在博士学位论文的基础上修改而成的，是我对教师教育研究的又一次尝试。其能出版，得益于二十几载求学路上良师益友的帮助、鼓励与支持。

感谢敬爱的导师孔凡哲教授。博士学位论文的选题，饱含着导师最大的期待。教师如何在学生评价中审视自己的角色和作用，并在评价中提升自身的评价技术与本领，是导师5年校长生涯中一直思索和实践的课题。由衷感谢导师及东北师范大学南湖实验学校师生对我的帮助。

感谢史宁中教授、袁孝亭教授、吕立杰教授、纪良教授、杨秀莲教授、林智中教授、张旺教授、马云鹏教授、刘学智教授、陈旭远教授等的宝贵意见。感谢李洪修教授、于胜刚教授对我学术研究的启迪、帮助与指导。

感谢赵明辉、王菠两位博士对我的关爱，感谢我的师妹赵娜、马罗丹、张晓娟、杨苗、张丹丹、丁超楠、王晓娇、耿佳、吕国蕊、曹允瑶、毛清芸、祖丹、宋艳宇、郑丹等。感谢我的多年好友邢亚丹、揭娜、李平平、花燕锋。

最后，感谢家人对我的无私奉献。父母对我最好的教育，便是无为，感念二老养成我自由、独立、乐观的性格，女儿终身受益。

本书得以出版还要感谢苏州大学出版社刘海等编辑的辛勤工作。

感谢江苏理工学院教育学院给予我的宝贵支持，本书有幸被纳入“新时代教师教育系列丛书”；感谢江苏理工学院教育学院李德方院长、狄阳群书记、陈笑盈老师等的大力帮助；本书同时也得到江苏理工学院社科基金项目、江苏理工学院教学改革与研究立项项目的支持。在此，一并致谢。

毕业已近4年，回头看当年的研究尚存在一些稚嫩、不成熟之处，恳请各位专家、同行批评指正。

潘婉茹

2022年4月